Doris Leupold, Dez. 76

Alfred Grosser

Gegen den Strom

Aufklärung
als Friedenspolitik

Hanser Verlag

ISBN 3-446-12076-9

Umschlag: Klaus Detjen
Satz und Druck: Kösel, Kempten
Printed in Germany

Inhalt

Geleitwort

Reden bei Feierlichkeiten, die dürfen doch gar keinen Inhalt haben! Vorworte zu Büchern Anderer sind doch keine eigenen Leistungen! Zeitungsartikel – was vergeht denn schneller? Beiträge zu Festschriften – das ist doch Schubladenauskramerei! Also warum, wozu ein solcher Sammelband, der ja sowieso nur eine sehr begrenzte Auswahl von allerlei Schriften bringt, die über bald drei Jahrzehnte verstreut sind?

Es mag vermessen klingen – aber ich glaube, daß der Inhalt nicht von der Länge abhängt und daß es keine unedle, keine unvornehme Ausdrucksgattung gibt, vorausgesetzt, daß man etwas zum Ausdruck bringen will. So habe ich mich auch nie in meiner intellektuellen Würde verletzt gefühlt, wenn ein Fernseh-Interviewer von mir verlangte, ich möchte doch die Lage und die Geschichte der französischen KP eingehend erklären und dafür ständen mir zweieinhalb Minuten zur Verfügung: in hundertundfünfzig Sekunden läßt sich manches prägnant sagen, was bei Millionen Zuhörern in einem Vortrag gar nicht bemerkt und in einem Buch ganz gewiß nicht gelesen würde.

Natürlich legt man in ein Buch mehr hinein. Wer diesen oder jenen Gedanken erläutert oder zu Ende geführt sehen will, der greife auf die ethische oder auf die methodologische Betrachtung zurück[1].

Aber ich habe jedenfalls versucht, das, was in meinen Augen grundsätzlich ist, so zusammenzudrängen und zu formulieren, daß es zugleich vollständig und allgemein verständlich bei Gelegenheiten zum Ausdruck kommt, bei denen es mir vergönnt ist, von Vielen – und darunter viele Multiplikatoren – gehört zu werden. Das trifft besonders für die beiden ersten Texte dieses Bandes zu.

Bei allen Texten jedoch geht es um ein und dasselbe, nämlich um Elemente einer Art aufklärerischer Vermittlungsarbeit, die ich seit meiner Jugend als meine eigentliche Berufung empfinde, wobei ich es als ein ganz besonderes Glück betrachte, einen Beruf ausüben zu dürfen, der diese Berufung nicht nur zuläßt, sondern sie durch die ständige Nährung des zu vermittelnden Stoffes dank der wissenschaftlichen Forschungsarbeit direkt fördert.

Mittler sein zwischen Franzosen und Deutschen. Aber nicht nur zwischen diesen beiden Gruppen, obwohl die meisten hier gesammelten

1 *In wessen Namen?* Werte und Wirklichkeit in der Politik, München 1973. *Politik erklären,* München 1973 und Berlin 1974.

Texte dieser Mittlung angehören. Mittler zwischen Ungläubigen und Gläubigen (was einer meiner Hauptbemühungen in Frankreich entspricht). Mittler zwischen Europäern und Menschen anderer Kontinente, wobei das französisch-amerikanische Gespräch seit etlichen Jahren vielleicht schwieriger und nützlicher ist als das deutsch-französische.

Die Methode ist immer und überall dieselbe, wobei für mich die Unterschiede der Kulturen nur eine besondere Aufforderung darstellen und keineswegs eine Notwendigkeit, diese Methode zu verändern, sei es in San Francisco oder in Abidjan, in Leningrad oder in New Delhi.

Es geht zunächst darum zu versuchen, mit Vernunft und Wärme kennenzulernen, zu verstehen, sich einzufühlen. Dann heißt es, eine Pädagogik anzuwenden, die leicht zu definieren ist und deren Anwendung mir nie besondere Probleme gestellt hat: immer mit Sympathie gegen den Strom schwimmen, gegen den Wind sprechen, d.h. jeder Gruppe die Wahrheit des Gegners, des Anderen vorzuführen.

Eine Wahrheit, die teilweise aus irrigen Vorstellungen entstanden ist, die man kennenlernen muß, die aber auch teilweise aus Erkenntnissen besteht, die der Zuhörer oder Leser seiner eigenen Wahrheit einverleiben sollte. Gegen den Strom, d.h. das Unangenehme, das Ungereimte, das Unbequeme hervorheben. Aber nicht, um es zum Vorwurf zu machen, sondern um daraus Erkenntnisse entstehen zu lassen, die Verständnis und Nachsicht für die Anderen erweckt und darüber hinaus ein Gefühl der Ähnlichkeit, der Zusammengehörigkeit.

Das schließt den Konflikt und den Kampf nicht aus. Manche Gegensätze sollen ja gar nicht durch den Ausgleich aufgehoben werden, sondern durch den Sieg. Aber nach dem Sieg gilt es dann, Gemeinsamkeiten herauszuarbeiten, Selbstsicherheit bei den einen zu erschüttern, Selbstvertrauen bei den Anderen wiederherzustellen. Für die Mittler wird es immer genügend zu tun geben!

Paris, im Juni 1975 A.G.

Um was geht es?

Mitverantwortung für eine gemeinsame Zukunft

Es ist nicht sicher, ob sich Trauer gewissermaßen vorschreiben läßt, ob nicht ein Tag und eine Feier zur Pflichtübung werden können, bei der die Trauer eher zur Schau getragen als empfunden wird.

Aber selbst wenn dem so wäre – wie positiv ist doch die Entwicklung zu beurteilen, welche zur Betonung der Trauer geführt und somit von jener traditionellen Form der Heldenehrung abgebracht hat, die einer Verherrlichung des großen Sterbens gleichkam!

Eine Verherrlichung, die leider immer noch, auf dem Bücher- und Zeitungsmarkt, in allzuvielen Renommier-Veröffentlichungen vorzufinden ist, die angeblich nur darstellen, nur erzählen wollen. Der frisch-fröhliche Krieg der schneidigen Eroberungen und des fein-säuberlichen Heldentodes – er wird immer noch (oder schon wieder?) in trügerischen Bildern und Texten dargestellt.

Es bleibt jedoch bei Randerscheinungen. Die Erinnerung weist auf Schrecken und Greuel hin, nicht auf episches Rittertum. Allerdings nur insofern die Erinnerung vorhanden ist. Die Trauer entsteht, wenn man zurückblickt. Aber wer blickt zurück?

Natürlich ist es angenehmer, auf einen Sieg zurückzublicken, als auf eine totale Niederlage. Deshalb gibt es bei uns in Frankreich mehr Feierlichkeiten an mehr Daten als in der Bundesrepublik.

Übrigens nicht nur deshalb. Nicht nur, weil man 1945 glücklich gewesen ist, unter den Siegern zu sein, sondern auch weil man heute eine Art Vergangenheitsbewältigung treibt. Sie entspricht einer neuentstandenen Unsicherheit über die französische Wirklichkeit während der schwarzen Jahre. Die häufige, die allzuhäufige Darstellung der Besatzungszeit hat immer weniger mit der Anklage des deutschen Besetzers und immer mehr mit der Selbstbefragung zu tun. Und wenn man die Trauer mit dem Bewußtsein eines Sieges erhellt, so nicht, weil man ein anderes Volk unterworfen hätte, sondern weil der Friede wiederhergestellt wurde im Zeichen der Freiheit.

Das ist schon lange in Frankreich so. Eine persönliche Erinnerung: Am 11. November 1934 – genau vor 40 Jahren – sollte ich die Wimpelstange meiner Pfadfindergruppe tragen bei der Feier vor dem Ehrendenkmal in Saint Germain en Laye. »Aber«, sagte der Neunjährige zu seiner ›Cheftaine‹, »ich bin doch erst seit einem Jahr hier. Ich *bin* noch gar kein Franzose.« »Eben deshalb«, lautete die Antwort. »Daß *du* der Träger bist, zeigt doch gerade, daß wir den Frieden feiern und nicht den Sieg.«

Eine Jugendgruppe bei der Todesfeier: Heute gibt es so etwas nicht mehr, weder bei Ihnen noch bei uns, jedenfalls nicht als selbstverständliche Beteiligung an dem Trauern.

Warum dieses Sichabwenden der Jugend? Ein erster, guter Grund: die Betrachtung der Welt von heute läßt im Rückblick den ersten großen Krieg des zwanzigsten Jahrhunderts als eine irrsinnige Selbstzerfleischung Europas erscheinen, die sich in Ausmaß und Dauer kaum verstehen läßt.

Ein weiterer Grund des Sichabwendens liegt in der Weigerung, überhaupt zurückzublicken. Wir erleben – bei der jüngeren Generation und bei vielen, die in Elternhaus und Schule auf sie Einfluß haben – eine ziemlich dramatische Abkehr von der Geschichte und vom Geschichtsbewußtsein. In Frankreich, wo die Vergangenheitsbezogenheit allzu groß war, hat dies auch Vorteile. In der Bundesrepublik, deren Unsicherheit über ihre eigene Identität weitgehend auf eine gewisse Wurzellosigkeit zurückzuführen ist, sollte man doch eher bedacht sein, das Heute in eine durchdachte Dauer einzubetten, damit nicht morgen eine etwaige Krise den Kompaß der Entwicklung toll werden läßt.

Ein Drittes kommt hinzu, um die Ablehnung des Rückblicks zu erklären. Man ist so gegenwarts- und zukunftsbezogen, daß man gar nicht an diejenigen denken will, die keine Zukunft mehr haben, an diejenigen, die seit langen Jahren trauern, weil sie um ihre Zukunft betrogen worden sind. Denn die erste, die echteste Trauer, das ist doch der Gedanke an das Hinwegsterben des Gatten oder des Sohnes, dessen Abwesenheit das eigene Leben eingeschränkt und verarmt hat.

Diese Trauer, wer will sie denn sehen, vor allem heute, wo diese Trauernden altgeworden sind in einer Gesellschaft, die das Alter und schon das Altern als eine abstoßende Krankheit verstehen will? Ist es möglich, den Jungen und den weniger Jungen, die nur daran denken, jung zu bleiben, verständlich zu machen, daß ein Volkstrauertag eine gute Gelegenheit dafür bieten könnte, die über einen nie wiedergutzumachenden Verlust Trauernden wirklich als einen Bestandteil des Volkes zu betrachten und zu behandeln, und nicht wie eine Art in Ghettos oder Reservate zu überweisenden Restbestand einer abgelehnten Vergangenheit?

*

Wenn man nicht zu denen gehört, deren Trauer mit einem unüberwundenen Verlust zusammenhängt, warum trauert man da? Trauern, das heißt dann, die Toten bedauern, weil sie frühzeitig gestorben sind, weil sie nicht länger gelebt haben. Das klingt selbstverständlich? Gewiß, aber die logische Schlußfolgerung daraus ist es nicht. Nämlich, daß wir dadurch die Zeitspanne, die seit ihrem Tod verflossen ist, positiv bewerten. Würden wir sie denn bedauern, wenn wir nicht meinten, es hätte sich für sie gelohnt, länger zu leben, das Leben hätte ihnen mehr Genugtuung und Freude als Enttäuschung und Bitternis gebracht?

Ja, Trauer, das bedeutet Optimismus im Rückblick, Lebensbejahung, Zuversicht. Es werden noch andere Verbindungen zwischen Trauer und positiver Einstellung zur Gegenwart festzustellen sein. Aber schon jetzt sei diese Bedeutung nachdrücklich hervorgehoben, jetzt, heute, in einer allgemeinen Krisenstimmung und im Hinblick auf die globale Verurteilung der Gesellschaft, sei sie im Namen der extrem-linken Utopie ausgesprochen, oder im Namen einer mythischen Vergangenheit auf der Rechten.

Wir trauern. Aber wer ist *wir*? Wer sind *unsere* Toten? Die, die uns nahe standen? Die Familie? Die Stadt? Die Gleichgesinnten? Die Landsleute?

Die »Meinen«, das bedeutet nur allzu oft die nächste Familie und die kleine Gruppe der Menschen, mit denen man im Alltag zu tun hat. Am Volkstrauertag trauern, das sollte notwendigerweise heißen, die Abgrenzung weiter zu stecken, sich mindestens durch alle Verluste betroffen zu fühlen, die von einem gesamten Volk erlitten worden sind. Und das sollte eigentlich zu einem Gefühl führen, was man fast immer in bezug auf die Familienmitglieder empfindet, nämlich das der Mitverantwortung.

Das muß ganz besonders in Deutschland betont werden, denn es gibt seit Jahrhunderten in Deutschland mehr als woanders eine große Versuchung, nämlich die der Beschränkung des Bereiches der Mitverantwortung. Die falsche Gleichung Beruf gleich Berufung verleitet dazu zu glauben, daß man bereits ein guter Bürger sei, wenn man seinen Beruf gewissenhaft ausübt und sich um seine Familie kümmert. Was der weiteren Gemeinschaft zustößt, das ist Sache der Obrigkeit.

In seinem schönen Roman »Die Jeromin-Kinder« fragte sich Ernst Wiechert mit einer recht naiven Verwunderung, warum soviel Unglück und Elend über die kleine von ihm dargestellte Dorfgemeinschaft hereingebrochen war. Er sah nicht, daß diese ruhigen, in seinen und ihren Augen pflichtbewußten Leute am eigenen Schicksal mitschuldig waren, dadurch, daß sie nicht durch politisches Interesse und politischen Einsatz wenigstens versucht hatten, Hitler den Weg zur Macht zu versperren.

Ja, für die eigene Trauer kann man mitverantwortlich sein, wenn sie durch politische Entscheidungen entstanden ist, auf die man verzichtet hatte, Einfluß nehmen zu wollen. Oder wenn man immer nur an die mögliche Trauer um die *Seinen* gedacht hat. Zum Beispiel gerade im Deutschland von 1933.

In einem Krieg, da bezieht sich das »wir« im allgemeinen ziemlich automatisch auf die Mitglieder der gleichen Nation. Aber wenn innere Gefahr droht, da handelt es sich allzu oft um eine viel kleinere Menschengruppe. Jeder hoffte damals, die Verfolgung und die Trauer würde ihm erspart bleiben, wenn er die Nachbargruppe tatenlos der Trauer überließe. Sozialdemokraten und Gewerkschaften haben die ersten Kommunistenverfolgungen nicht bekämpft. Die Liberalen haben dann die Sozialdemokraten im Stich gelassen. Die katholische Kirche hat nur an den Schutz der Katholiken gedacht. Und sogar gutbürgerliche Juden haben der Versuchung nicht widerstanden, sich von den »Ostjuden« zu distanzieren, um mit diesem »Wir sind nicht so wie jene« das drohende Unheil abzuwenden. Der Krieg und das große Sterben als Deutsche hätten vielleicht verhindert werden können, wenn man nicht zunächst von verfolgten Gruppen anderer Deutscher einen mörderischen Abstand genommen hätte.

Und als der Krieg da war, hat man die Trauer lediglich auf die Landsleute beschränkt. Noch eine Erinnerung: als ich zum ersten Mal in Deutschland einen öffentlichen Vortrag hielt – es war 1948 –, da sagte der Oberbürgermeister in seiner Einführung: »Wir haben verstanden, was Krieg bedeutet, als die Bomben auf unsere Stadt gefallen sind.« Ich fühlte mich gezwungen, zu antworten: »Das ist ja eben die Tragödie, daß Sie es nicht bereits verstanden haben, als Bomben auf Warschau, Coventry und Rotterdam gefallen waren.«

Das ist woanders nicht anders. In Frankreich ist im 19. und im 20. Jahrhundert nicht getrauert worden, als Algerier starben durch Frankreichs Verschulden. Und dann mußten viele Franzosen sterben, mußten viele Franzosen trauern, weil sie nie an die algerische Trauer gedacht, weil sie nie eine echte, d. h. nicht nur national-bedingte menschliche Solidarität gelebt hatten. Man kann es auch anders darstellen. Wie oft hat es doch am 14. Juli, am Nationalfeiertag folgendes kontrastreiches Bild gegeben: Am Vormittag gab es das Militär-Défilé auf den Champs Elisées, wo die Zuschauer die »tirailleurs algériens«, die Infanterie-Regimenter aus Algerien, begeistert beklatschten. Am Nachmittag, der Gewerkschaftszug vom Place de la Bastille zum Place de la Nation. Bei den Zuschauern galten die arabischen Arbeiter, die vorbeischreiten, keineswegs als Franzosen, wie am Morgen. Hier gehörten sie einer anderen, untergeordneten Rasse an.

So war es gestern. Das alles ist heute nicht viel anders geworden – über die Grenzen hinweg und innerhalb der Grenzen. »Wir«, die »Unseren«, das bezieht sich gewiß noch nicht echt auf die Mitglieder anderer Völker. Und auch nicht auf die Landsleute, die anders gestorben sind als durch den Krieg.

Wo ist denn unsere echt empfundene Trauer um all die, die etwa durch Arbeitsunfälle an schlecht abgesicherten Arbeitsplätzen gestorben sind – und die vielleicht nicht hätten zu sterben brauchen, wenn wir wirklich um die vorigen Toten getrauert und aus dieser Trauer die Notwendigkeit zum politischen Handeln abgeleitet hätten? Die im Krieg, an der Front oder in Lagern oder unter den Bomben Gefallenen sind nur ein Teil der Verstorbenen, deren Tod durch gemeinschaftsbezogenes Handeln hätte verhindert werden können.

*

Soll man die Frage stellen: »Wofür starben sie?« Ja und nein. Es lohnt sich natürlich, den Sinn des Kampfes zu überprüfen, der zum Sterben geführt hat. Das erste echte Buch, das ich gelesen habe (ich habe es bis heute behalten, weil ich es regelmäßig wieder lese, obwohl es niemand mehr kennt) war ein 1931 erschienener »Kriegsroman für die junge Generation« und hieß: *Der Schädel des Negerhäuptlings Makaua.* Der Titel fußte auf den Artikel 246 des Versailler Vertrags, der folgendermaßen lautete:

»Innerhalb von sechs Monaten nach Inkrafttreten des gegenwärtigen Vertrags ist der Schädel des Sultans Makaua, der aus dem deutschen Schutzgebiet in Ost-Afrika entfernt und nach Deutschland gebracht wurde, von Deutschland der britischen Regierung zu übergeben.«

Diesen Schädel hat es vielleicht nie gegeben. Aber er war das Lockmittel gewesen, mit dem man etliche Afrikaner bewogen hatte, auf den Schlachtfeldern in Frankreich zu leiden und zu sterben. Abermillionen Menschen sind allein in diesem Jahrhundert einem Wahn dieser Art zum Opfer gefallen.

Aber ich glaube, daß die Antwort auf die Frage »Wofür starben sie?« anders aufgegliedert werden sollte. Es gibt Tote, die ihr Leben absichtlich geopfert haben, um für etwas zu sterben, was uns heute noch als ein echter, hoher Wert erscheint und nicht als mythischer Schädel. Nehmen wir als Beispiel Hans und Sophie Scholl oder Jan Pallach, der in Prag 1968 aus Protest Selbstmord beging.

Es gibt auch Tote, die sich aufgeopfert haben für eine Sache, von der heute wirklich niemand mehr sagen würde (oder wenigstens niemand mehr sagen sollte), daß sie eine gute oder schöne Sache war. Und es gibt eine Unmenge Tote, die geopfert worden sind, ohne irgend einen Willen zur Aufopferung zu haben.

Ich möchte mit Nachdruck sagen, daß die Trauer um alle von ihnen berechtigt ist, daß niemandem das Trauern verübelt werden sollte – vorausgesetzt, daß die Frage »Wofür?« wenigstens umgestaltet wird in ein »Wie kann man neue, ähnliche Trauer verhindern?«

Und das kann man zunächst dadurch, daß man die Gefühle bekämpft, die neues Leiden verursachen, und andere Gefühle fördert, die neuem Leiden entgegenwirken.

Auf der negativen Seite, das Gefühl der Rache, vor allem, wenn es mit der schrecklichen Überzeugung verbunden ist, daß es so etwas gibt wie eine Kollektivschuld. Zugegeben: es ist nicht leicht, die Trauer *nicht* mit einer kollektiven Anklage zu verbinden. Ich erinnere mich noch sehr genau an eine bestimmte Nacht vor dreißig Jahren. Die BBC hatte gemeldet, daß die Häftlinge von Theresienstadt nach Auschwitz transportiert worden seien, um dort vergast zu werden. Die Nachricht hatte im Hinblick auf einen Teil meiner Familie eine sehr konkrete Bedeutung und die Versuchung der verallgemeinernden Verurteilung war groß. Es gelang jedoch, am anderen Morgen sicher zu sein, daß nie eine menschliche Gruppe für Verbrechen verurteilt werden sollte, die von einzelnen begangen wurden, so zahlreich auch diese Einzelnen sein mochten.

Wenn man dann im Nachkriegsdeutschland immer wieder zu hören bekam – und auch heute noch zu hören bekommt: »Ich kann doch nicht vergessen, was die Russen (*die* Russen!) oder die Polen (*die* Polen!) mir und den Meinen zugefügt haben« – vor allem wenn dieser Satz als »Erklärung« einer politischen Einstellung gelten soll –, da sah und da sieht man sich zu einer doppelten Antwort gezwungen. Erstens, daß 1945 die siegreichen Truppen im Osten vergeltend gekommen sind und dabei nur in beschränktem Maße die Greuel vergolten haben, die systematisch, kaltblütig, verwaltungsmäßig, in Polen und in der Sowjetunion im Namen Deutschlands verübt worden waren. Und zweitens, daß, wenn eine solche Haltung gerechtfertigt wäre, Leute meiner Art gewiß nicht nach 1945 nach Deutschland hätten kommen sollen, um mit Deutschen zusammenzuwirken.

(Allerdings muß der gleiche Ton nach allen Seiten angeschlagen werden. Zum Beispiel nach der jüdischen: Es ist beinahe absurd, daß gerade eine Gruppe, die seit 2000 Jahren unter der erzdummen aber mörderischen

Beschuldigung eines kollektiven Verbrechens zu leiden hat, so hartnäckig an eine deutsche kollektive Erbschuld geglaubt hat und teilweise noch daran glaubt.)

Man kann selbst dafür wirken, daß auf der anderen Seite das negative Gefühl überwunden wird. Unter anderem, indem man keinen Anspruch auf kollektive Unschuld erhebt, sei es in der Form der Forderung des Vergessens. Es kann darüber gestritten werden, ob nach einem Vierteljahrhundert die dringlichste Aufgabe für ein junges Ehepaar darin besteht, ruhig alternde Verbrecher einem späten Gericht zu überführen. Aber es ist verblüffend, daß nicht alle verstehen, daß die Reaktion »Ja, die Mörder sind unter uns. Und wenn schon? Schwamm darüber!« die Umwelt geradezu provoziert, wieder von Kollektivschuld zu sprechen. Den noch Trauernden zu sagen: »Vergeßt und verlangt keine Strafe!« ziemt sich nur für Mittrauernde und nicht für solche, die mit den persönlich Schuldigen zumindest zusammengelebt haben.

Negative Gefühle werden wirksam durch die positive Haltung der anderen Gruppe bekämpft. Vor allem durch die Überzeugung, daß es zwar keine kollektive Schuld, wohl aber eine kollektive Haftung gibt. Wir sind dazu verpflichtet, die Konsequenzen der in unserem oder in unserer Eltern Namen verursachten Trauer mit zu tragen.

Diese Verpflichtung übernommen zu haben, gehört zu den eindrucksvollsten Leistungen der Bundesrepublik, insbesondere, weil ja der Kanzler, der 1952 den Vertrag mit Israel unterschrieb und der Kanzler, der 1970 vor dem Ghetto-Denkmal niederkniete, beide 1933 unter den Verfolgten und nicht unter den Trauerstiftenden gewesen waren.

Es ist klar, daß man von einer solchen würdigen Einstellung her versucht ist, diejenige Gruppe zu bevorzugen, der man im Namen der kollektiven Haft helfen möchte. Das ist das positivste Element der Sympathie, die in der Bundesrepublik Israel entgegengebracht wird. Es sollte aber auch zugleich verstanden werden, daß bei nicht wenigen Franzosen aus ähnlichen Gründen eine besondere Sympathie für Algerien besteht: in Algerien nämlich hat es Leiden gegeben, das das französische Gefühl einer kollektiven Haftung ansprechen kann. Außenpolitische Einstellungen können auch edle Gründe haben. Das Erdöl »erklärt« im Falle Frankreichs ebensowenig *alles* wie beim deutschen Israel-Vertrag damals der Wunsch, noch mehr Gunst in Amerika zu erwerben.

*

Die positivste, die fruchtbarste Einstellung ist wohl die, welche inmitten der Trauer die Mitverantwortung an einer gemeinsamen Zukunft feststellt. Bereits im Herbst 1945 erschien in der französischen Zeitschrift *»Esprit«* ein Artikel, dessen Verfasser, Joseph Rovan, noch wenige Zeit davor in Dachau gelitten hatte. Der Artikel hieß: »L'Allemagne de nos mérites« – »Das Deutschland, das wir uns verdienen werden«.

Ja, bei Kriegsende hat es Franzosen gegeben, die der Auffassung waren, daß man die Zukunft nicht auf Abneigung und Angst aufbauen konnte. Die meisten von ihnen hatten in der Résistance gekämpft. Oft kamen sie aus deutschen Gefängnissen und Konzentrationslagern, so daß ihnen wirklich niemand in Frankreich vorwerfen konnte, nicht zu wissen, was alles Furchtbares von Deutschen vollbracht worden war. Aber sie glaubten eben gerade nicht an eine Kollektivschuld. Mehr noch: ein solcher Gedanke war für sie eine Art Verleugnung der Ideale, der sie zur Widerstandsbewegung gebracht hatte. »Imbéciles, je meurs pour vous!« »Ihr Dummköpfe, ich sterbe ja für Euch!«, hatte einer ihrer kommunistischen Kameraden den deutschen Soldaten zugerufen, bevor ihn ihre Salve hinrichtete.

Jetzt, wo der Krieg zu Ende war, galt es zu verstehen, daß sich das deutsche Volk aus einer Mehrheit und zwei Minderheiten zusammensetzte. Eine Mehrheit von Menschen, die innerlich beinahe ebenso zusammengebrochen waren wie ihr Land. Eine Minderheit der Verbitterten, von denen ein Teil dem Glanz der Siegerjahre nachtrauerten und eine Minderheit von Männern und Frauen, die aufrichtig und mutig am Aufbau eines neuen Deutschlands und einer neuen Welt mitwirken wollten. Half man von draußen dieser zweiten Minderheit nicht, so würde die Mehrheit dem Einfluß der Haßerfüllten ausgesetzt sein. Wäre es nicht absurd gewesen, den jungen Deutschen den deutschen Nationalismus vorzuwerfen und ihnen zugleich die Zusammenarbeit mit einer anderen, auch neue Wege suchenden Jugend zu verweigern?

So entstanden bereits in den ersten Nachkriegsjahren deutsch-französische Begegnungen, deren Tragweite ich keineswegs überschätzen möchte, die aber doch auf die Dauer nicht unwesentlich dazu beigetragen haben, die Beziehungen zwischen den beiden benachbarten Völkern zu entgiften, zu ernüchtern, gewissermaßen zu »selbstverständlichen«.

Ja: ernüchtern im Sinne von Vernunft walten lassen und nicht Emotionen durch Emotionen ersetzen. Gerade weil auf beiden Seiten die Trauer gegenwärtig war, gerade weil man große Worte ablehnte und wußte, was jeder in seinem Land an berechtigten und an unberechtigten Gefühlen zu überwinden hatte, war man jeder Gefühlsduselei abgeneigt. Es galt nicht, Begeisterung zu empfinden oder wachzurufen, sondern mit warmer Besonnenheit eine aufklärerische Arbeit zu vollbringen.

Man kann sie Kulturarbeit nennen, aber nur, wenn man das Wort Kultur so deutet, wie es die Träger dieser Aufklärungsbemühungen damals getan haben – und wie es leider seitdem die sogenannten kulturellen Institutionen nur sehr ungenügend tun. Es ging nicht mehr darum, nur die sogenannte geistige Elite anzusprechen, die sich ja auf eine begrenzte Schicht von Privilegierten beschränkte – Privilegierte, die oft sehr am Rande des politisch-gesellschaftlichen Geschehens standen. Es galt, die »Multiplikatoren« auf allen Gebieten des sozialen, des wirtschaftlichen, des geistigen Werdens beider Länder einzubeziehen.

Kultur, das sollten nicht mehr ausschließlich schöngeistige Produkte der Vergangenheit sein. Zur Kultur hatte nun auch die Kenntnis der jüngsten gewiß nicht sehr geisterfüllten Vergangenheit und die Kenntnis der Gegenwart zu gehören, mit allen ihren Elementen, von der Tagespolitik bis zu der Vorstellung, die jeder von seinem Leben und seiner Zukunft hatte. Für die Kultur der Franzosen war in diesem Hinblick ein französischer Artikel über das Schicksal der deutschen Vertriebenen wichtiger als zehn Goethe-Übersetzungen.

*

Diese Erwähnung der deutsch-französischen Nachkriegs-Arbeit soll hier nur ein Beispiel bringen für das, was zukunftsbezogene Trauerüberwindung sein kann. Zukunftsbezogen und zukunftsgestaltend. Zukunftgestaltend heißt politisch. Denn Politik, das ist ja der Wille und der Versuch, die gemeinsame Zukunft einer Gesellschaft zu meistern. *Die Politik als edelstes Mittel, neue Trauer zu verhindern* – das muß mit allem Nachdruck drei Arten unserer Mitmenschen gesagt und erklärt werden.

Denen, die sich unpolitisch wähnen, weil sie nicht wissen oder nicht wissen wollen, daß das Beiseitestehen einer Duldung des Bestehenden gleichkommt mit allen seinen schlimmen Keimen für eine Einzelschicksale bedrohende Zukunft. Das Trauerlied muß unpolitisch sein, weil das politische Lied ja bekanntlich ein garstiges ist. Wann wird bei uns und bei Ihnen, bei Ihnen noch mehr als bei uns, endlich voll begriffen werden, daß die positive Betonung des Unpolitischen, manchmal »überpolitisch« getauft, eine Form der Resignation ist, ein Verzicht darauf, Verhängnisse abzuwenden?

Sodann denen, die glauben, daß Politik mehr sei als ein unvollkommenes, unzureichendes, unsicheres Mittel, und die zugleich das politische Ziel verabsolutieren und nur *einen* Weg dorthin kennen wollen. Politik verhindert keine neue Trauer, sie schafft neue Trauer, wenn sie engstirnig und eingleisig gehandhabt wird. *Es gibt keine einfachen Lösungen,* keine einfachen Wege, *weil die Wirklichkeit nicht einfach ist.* Es gibt Gegensätze, die nicht anders wegzuräumen sind als entweder durch die trauerstiftende Beseitigung der anderen Seite oder durch den auf Selbstbeschränkung beruhenden Kompromiß, der erst dann entsteht, wenn der Gegensatz entgiftet worden ist. Hier darf wieder die deutsch-französische Arbeit angeführt werden: es wäre absurd, so zu tun, als gäbe es zum Beispiel heute keine echten Gegensätze zwischen Frankreich und der Bundesrepublik; aber die Aufklärungsarbeit ist dazu da (ob sie genügend Erfolg hat, ist eine andere Frage!), das Unechte, das aus vergangener Trauer Ressentiment- und Vorurteilbeladene aus der Kontroverse herauszuschaffen.

Schließlich muß die Formel der Politik als edelstes Mittel, Trauer zu verhindern, denen erklärt werden, die wähnen, nur eine sogenannte sachbezogene Politik zu treiben, die Politik und Gefühl sorgfältig auseinanderhalten wollen. *Man ist nicht aufgeklärt, weil man abgeklärt ist.* Trauer ist ein Gefühl. Trauer verhindern wollen, benötigt zumindest das Verständnis von Gefühlen? Besonnenheit? Gewiß. Aber Kälte? Die läßt sich mit der Wertbezogenheit jeglicher schöpferischen Politik nicht vereinen! Man kann mit guten Gefühlen schlechte Politik machen. Es ist sehr zu bezweifeln, ob man *ohne* Gefühl für das vergangene gegenwärtige und zukünftige Leiden der Anderen eine Politik machen kann, die für diese »gut« wäre.

Wertbezogen, wertbeladen ist jedes Handeln, ist jede Betrachtung der Umwelt und seiner selbst. Vor allem die Betrachtung des Todes. Nicht nur des Todes der Gestorbenen, um die wir trauern. Auch die Betrachtung unseres eigenen Todes, die wir gewiß heute nicht vernachlässigen sollten.

Denn die Art, wie wir die Zeitspanne bewerten, die uns von unserem Tod trennt, bestimmt ja unser ganzes Denken und Handeln. Es ist hier gleichgültig, ob man den Tod als Ende auffaßt oder nicht, ob man gläubig ist oder nicht. Denn für Gläubige und Ungläubige sollte es die gleiche Feststellung geben: es bleibt mir wenig Zeit, also sollte ich sie nicht vergeuden. Vergeuden mit einengenden, fruchtlosen Gefühlen wie Bitterkeit und Rachlust. Vergeuden auch mit der Trauer, wenn sie nur darin bestehen sollte, mit Wehmut an endgültig Verlorenes zu denken.

Es bleibt uns wenig Zeit. Aber es bleibt Zeit, um zu schaffen. Wir sind die Glücklichen, weil wir die Überlebenden sind. Nicht nur, weil wir leben, sondern weil wir durch unser Wirken Sterben und Leid verhindern können. Und das kann man immer, solange man lebt. Vorausgesetzt, man gehört nicht zu der Kategorie Menschen, die mit Neid auf die blicken, die mehr haben, sondern zu denen, die sich im Vergleich zu anderen privilegiert schätzen. Denn da entdeckt man nämlich auch in der tiefsten Trauer, auch in dem Moment, wo man selbst verfolgt ist, in dem man selbst leidet, daß es noch andere gibt, denen es viel elender geht und denen man viel Trauer ersparen kann, indem man das anerkennt und ihnen hilft.

Im »courrier du cœur«, in der Herzenskurier-Spalte einer französischen Frauenzeitung stand einmal folgender Brief, der eine verbitterte Zuschrift beantwortete:

»Germaines pessimistische Theorien habe ich mit Verwunderung gelesen, denn meine persönliche Erfahrung beweist genau das Gegenteil. Ich bin Jüdin. Ich habe fast meine ganze Familie in Konzentrationslagern verloren. Ich wurde in einem Alter deportiert, in dem man nur daran denkt, vergnügt und lustig zu sein. Und ich bin für immer verkrüppelt zurückgekehrt. Aber selbst dort, wo ich gedemütigt, geschlagen und entwürdig wurde, habe ich niemals das Leben armselig und bitter gefunden, weil ich armen Wesen, die noch schlimmer dran waren als ich, ein wenig Liebe schenken konnte, unglücklichen Kindern, die allein bei dem Gedanken, sich in meine Arme zu schmiegen, vor Freude weinten. Ich empfand ein großes Glück, wenn ein Wort der Liebe einen winzigen Funken Hoffnung in den Augen aufleuchten ließ.

Ich bin krank zurück gekommen und werde nie eigene Kinder haben, aber meine Schwester hat fünf, und es macht mich glücklich, sie zu lieben, als ob sie die meinigen wären. Sagen Sie Germaine, daß man das Glück in der Freude findet, die man anderen schenkt und die sie einem hundertfach vergelten.«

Wenn ich zu Beginn gesagt hätte, ich wolle an diesem Trauertag von Freude sprechen, so wäre das wahrscheinlich als eine Art Provokation aufgefaßt worden.

Nun wird aber wohl klar sein, was gemeint ist. Es geht um eine schöpferische Freude, die mit dem Gedanken an den Tod verbunden ist. Eine anspruchsvolle Freude, die auf der Feststellung beruht, daß wir, im Unterschied zu den Toten, die wir gerade deshalb bedauern sollten, noch Zeit haben, um zu wirken. Zeit, um die Trauer anderer zu vermindern, sei es nur, indem wir sie zur Freude am Wirken führen.

Ein Tag wie dieser, eine Feier wie diese, sind nur dann Pflichtübungen, wenn sie als erkünstelte, erzwungene Abweichungen vom Alltag aufgefaßt werden. Aber wenn klar wird, daß uns so eine echte, eine schöne Gelegenheit gegeben wird, einen Moment lang die Quelle unserer alltäglichen Lebensbejahung freizulegen durch den Anblick des Todes, durch das Entfernen des Schilfrohrs der Alltags-Kleinsorgen, dann wird die Aufforderung zur Trauer zur Einladung, das Unechte einen Moment lang wegzuschieben und das Urechte, das Beste an unserem Dasein zu betrachten.

Das Unrechte, das wirklich keine Grenzen kennt und keine Kategorien des Alters oder des Berufs, so daß derjenige, der die Ehre gehabt hat, zu Ihnen sprechen zu dürfen, berechtigt war, das Wir zu gebrauchen, das auf eine wirkliche Gemeinsamkeit hinweist.

Die Doppelnatur des Friedens

Liebe, verehrte Freundin,

natürlich freut und ehrt es mich, hier stehen zu dürfen und Sie als Preisgekrönte zu feiern. Aber warum hat man gerade mich dazu aufgefordert?

In der Begründung des Stiftungsrates für den Friedenspreis heißt es: »Als Journalistin und als Buchautorin ist Gräfin Dönhoff seit Bestehen der Bundesrepublik für eine Politik der Aussöhnung eingetreten.«

Nun, ich bin nur nebenbei Journalist, und ich bin Franzose, d. h. Bürger gerade eines Staates, dessen Politik Sie und Ihre Zeitung nicht immer am gerechtesten und am verständnisvollsten beurteilt haben. Nein, meine Anwesenheit auf diesem Podium ist nur gerechtfertigt, wenn man aus der Begründung das Unausgedrückte herausliest, nämlich: »Die *ostpreußische* Gräfin Marion Dönhoff aus Friedrichstein ist *trotzdem* für eine Politik der Aussöhnung eingetreten ...«

Das ist etwas, was ich verstehen kann, was ich würdigen darf. Sind wir doch beide Vergangenheitsbewältiger, nicht im Sinne der allzu oft praktizierten bundesdeutschen rhetorischen Pflichtübung, sondern als Überlebende, die das Wort Rache nicht kennen, die nie das Leiden des Volkes vergessen haben, in dessen Namen mißhandelt und getötet worden ist! Getötet oder vertrieben: sind wir doch beide Vertriebene, die hartnäckig gewirkt haben, um Brücken des Verstehens und der Zusammenarbeit zu den Landsleuten der Vertreiber zu schlagen.

Für Sie war es schwerer. Sie waren 1945 erwachsen. Ich war 1933 noch ein Kind. Amalienhof, Schönau, Gr. Thierbach, Kl. Thierbach: »alle diese schönen Namen, die nun keiner mehr nennt«, um Ihr persönlichstes Buch zu zitieren, das war wirklich Ihre Heimat. Als achtjähriger Knabe hat man noch keine echte Heimat. Als ich 1947 zum erstenmal wieder nach Frankfurt kam, wurde mir völlig klar, daß es nur mein Geburtsort, nicht meine Heimatstadt war. Deswegen habe ich es auch seit Jahren als psychologisch falsch und als politisch provozierend empfunden, daß das statistische Bundesamt die Kinder der Ostvertriebenen, sogar die im Westen geborenen, als Vertriebene bezeichnete und mitrechnete.

Aber für Sie war es auch leichter. Zunächst einmal, weil der Zorn Ihrer Vertreiber leicht zu erklären war. Sie schreiben, daß 1945 die siegreichen Truppen im Osten *vergeltend* gekommen sind. Das Wort trifft zu. Aber nur, wenn Ihre Leser auch verstehen, daß glücklicherweise Russen und Polen nur in beschränktem Maße die Greuel »vergolten« haben, die systematisch, kaltblütig, verwaltungsmäßig in Polen und Rußland verübt worden waren. Das zornlose aber haßerfüllte Ausstoßen jüdischer Mitbürger, das industriell organisierte Morden der Gebliebenen – dafür trug kein Opfer, trägt keiner der Überlebenden eine Verantwortung, eine Haftung.

Und dann haben Sie ja nur die Heimat verloren. Sie haben richtig gehört: ich habe wirklich *nur* gesagt. Die Generation meines Vaters, die 1933 vertrieben wurde, hat damals ihr Vaterland verloren und auch die Möglichkeit, ihre Sprache beizubehalten. Wie merkwürdig ist es doch für den ausländischen Beobachter der deutschen Politik, daß gerade diejenigen, die am meisten vom Volk und von der Nation sprechen, am wenigsten erkennen oder zugeben, daß eine Vertreibung aus Königsberg oder Breslau nach Hamburg und sogar nach Bayern immerhin kein Ausstoßen aus der vielgerühmten Volksgemeinschaft bedeutete.

*

Die Selbstüberwindung ist Ihnen nicht leicht gefallen. Zwar war von Anfang an die Bereitwilligkeit da, die andere Seite zu verstehen, sich in der Bundesrepublik für die Verständigung einzusetzen. Aber die Wunde war so tief, daß es lange gedauert hat, bis die Vernunft das Gefühlsmäßige bewältigte und bis Sie sich zur Einsicht in die Unwiderrufbarkeit des Verlusts durchringen konnten. So schreiben Sie in der soeben erschienenen Neuausgabe der *Namen, die keiner mehr nennt:* »In den ersten Jahren hatte man immer noch gehofft – gegen alle Vernunft gehofft –, ein Wunder werde geschehen. Erst allmählich kam dann die Einsicht, daß unwiederbringlich verloren ist, was Adolf Hitler so leichtfertig aufs Spiel gesetzt hatte.«

Vernunft, Einsicht, Selbstüberwindung – das sind eben die Bestandteile jenes Liberalismus, zu dem wir uns beide bekennen. Das Wort ist seit einiger Zeit verlängert worden, und zwar durch einen verachtungsbeladenen Begleitausdruck, dessen Hauptklang jedoch auf Richtiges und Ehrbares hinweist. Ja, wir sind Fleißliberale! Ja, wir sind Beißliberale!

Den Andersseienden, den Andersdenkenden, den Andershandelnden verstehen zu wollen, nicht als Forschungsobjekt, sondern als Mensch und als Mitglied sozialer oder nationaler Gruppen: dazu gehört in der Tat Fleiß, denn es wird einem nichts geschenkt, es sei denn, man ist entweder ein Heiliger oder einer, der wert- und bindungslos aus einer inneren Leere heraus die Umwelt betrachtet. Immer wieder läuft man Gefahr, über seine eigene Bedingtheit nicht hinwegzukommen.

So schrieben Sie z. B., liebe Freundin, in einem Nebensatz des zur Zeit seines Erscheinens so mutigen ZEIT-Buches *Reise in ein fernes Land:* »Ich würde nicht gerne in einer LPG leben.« Wer ist da »ich«? Spricht da die ehemalige Herrin von Friedrichstein, die heutige Chefredakteurin einer großen Zeitung stellvertretend für die Magd, die in Ostpreußen vielleicht nur deswegen willig und freundlich war, weil sie nicht wußte, daß sie nicht seit aller Ewigkeit und für alle Ewigkeit zum Untertanentum verurteilt war, und die vielleicht das Bürokratische an den Landwirtschaftlichen Produktionsgenossenschaften der Herrschaft auch des wohlwollendsten, des selbstvergessensten Junkers vorgezogen hätte? Oder stellvertretend für den heutigen Erntehelfer, dessen Wintereinkommen ungewiß ist, stellvertretend für all die, die trotz des relativen Wohlstands die Arbeitslosigkeit fürchten?

Ich weiß die Antwort nicht auf diese Fragen. Ich übe auch keine Kritik an dem reichen Sammelband, der so vielen Bürgern der Bundesrepublik zum erstenmal zeigte, wie verzerrt oder wie leer bis dahin ihre Vorstellung vom anderen Deutschland gewesen war. Ich wollte nur aufzeigen, wieviel Fleiß man aufwenden muß, um wirklich liberal zu sein.

Das trifft vor allem zu, wenn der Liberalismus angegriffen wird, wenn es um die Freiheit derer geht, die das, was wir Freiheit nennen, in Frage stellen und bekämpfen. Sie, verehrte Freundin, glauben wie ich, daß man nur dann wirklich liberal ist, wenn man alle jene Freiheiten auch denen voll gewährt, die sie spöttisch oder verächtlich als »formell« oder als »bürgerlich« abtun.

Das sei selbstmörderisch, wird da oft behauptet, um Sondermaßnahmen oder Begrenzungen zu rechtfertigen. Aber wenn wir durch Grundrechte gestaltete und geregelte Freiheiten antasten, um echte oder vermeintliche Feinde der Freiheit zu bekämpfen, sind wir dann nicht schon dabei, als Liberale Selbstmord zu begehen?

Tolerant sein und aufklären wollen heißt jedoch nicht abgeklärt sein und kraftlos. Wer mit Verbissenheit liberal ist, der beißt auch verteidigungs- und sogar angriffslustig zu, wenn es darum geht, der Drohung zu widerstehen oder den Verfolgten zu helfen. Er beißt mit den Zähnen, er kämpft mit den Waffen, die ihm zur Verfügung stehen. Und das Wort ist auch eine Waffe. Oft ist sie allerdings ohnmächtig gegen die mit Panzer, mit Geheimpolizei oder mit Geld ausgerüsteten Mächtigen. Aber es ist eben die Waffe, die der Schriftsteller und der Journalist verwenden kann, bis sie ihm aus der Hand geschlagen wird.

Die Größe des Prager Frühlings 1968 – und wohl auch sein Verhängnis – war die plötzliche Entfaltung einer neuen Presse. Und wenn man auf jene abstoßenden Tage im März 1933 zurückblickt, als Hitler sich die absolute Macht vom Reichstag mit Zweidrittelmehrheit schenken ließ, so liest man mit trauernder Bewunderung die letzten, hoffnungslosen Verteidigungsschüsse, die die Journalisten des *Berliner Tageblatt* und der *Vossischen Zeitung* zugunsten der Freiheit und – welcher Politiker wußte das im Grunde nicht? – zugunsten des Friedens aus ihren Füllfedern feuerten. Am 21., zwei Tage vor der Abstimmung, warnte die *Vossische* noch vor den Konsequenzen des Ermächtigungsgesetzes:

> ... Eine solche neue Gesetzgebung wäre weder an den Satz gebunden, daß alle Deutsche vor dem Gesetz gleich sind; noch daß die Richter unabhängig und dem Gesetz unterworfen sind (...); daß alle Bewohner des Reichs volle Glaubens- und Gewissensfreiheit genießen, daß die Kunst, die Wissenschaft und die Lehre frei sind. (...) Es sind die rechtlichen Grundlagen, auf denen sich Wirtschaft und Kultur der europäischen Welt seit anderthalb Jahrhunderten entwickelt haben. (...) Die Bedeutung des Entwurfs nicht nur für das gesamte Staatsleben, sondern auch für Leben und Gedeihen jedes einzelnen Bürgers kann daher gar nicht hoch genug veranschlagt werden ...

Ein solcher Text sollte selbst den Zweifelnden, den Verachtenden zeigen, was mit einer freiheitlichen Grundordnung gemeint ist und was deren Preisgabe bedeutet. Er erklärt auch die Einstellung und das Verdienst der Wochenzeitung, die nach der Katastrophe die Tradition des *Tageblatts* und der *Vossischen* wieder aufgegriffen hat und der Sie nun seit einem Vierteljahrhundert, beinahe seit Beginn an leitender Stelle, dienen.

*

Der Preis ist Ihnen verliehen worden und nicht der *ZEIT*. Aber was ist ein Journalist ohne das Presseorgan, für das er schreibt? Was ist ein Chefredakteur ohne die Redakteure, die ihn umgeben? Sie, liebe Freundin, sind mitverantwortlich für die guten und für die weniger guten Eigenschaften und auch für das Gute und das weniger Gute am »Image« (wie man im heutigen Deutsch sagt) Ihrer Zeitung.

Damit ich nicht in die Versuchung und in den Verdacht komme, ein Gelegenheitsloblied zu singen, möchte ich schlicht und unbescheiden wiedergeben, was ich nach dem Prinzip, diejenigen, denen ich nahe stehe, besonders kritisch zu betrachten, in meiner *Deutschlandbilanz* geschrieben habe:

> *Die ZEIT* ist die beste europäische Wochenzeitung traditionellen Typs. (...) Sie spielt eine politische Rolle sowohl durch ihre Information wie durch ihre Stellungnahmen. Sie ist gemäßigt links angesiedelt

und gegen sie werden mitunter dieselben Vorwürfe erhoben wie gegen *Le Monde* (übrigens meine Zeitung!) in Frankreich: daß sie ein wenig zu selbstbewußt und von ihrem Wert überzeugt sei, daß sie Menschen und Machtgruppen zu sehr von oben herab beurteile und daß ihr Bestreben, die intellektuelle Avantgarde zu begreifen, ein wenig mit Gefallsucht verquickt sei. Den protestierenden Studenten hat *Die ZEIT* zuerst viel Sympathie entgegengebracht, aber dann hat sie die ständige Gewaltanwendung verurteilt und wurde selbst von der Gegenseite als Teil des Establishments angeprangert.

Teil des Establishments? Natürlich stimmt das! An sich ist es keine Sünde. Sobald man sich anhaltend Gehör verschafft hat und gewissermaßen zur Institution geworden ist, wird man Teil des »Establishments«. Bedenklich wird es, wenn man, weil man etabliert ist, andere daran hindert, ihre Stimme dauerhaft, d. h. auch in der Form einer Zeitung, ertönen zu lassen.

Leider ist das notwendigerweise der Fall. Nicht aus Absicht. Noch nicht einmal durch direkte Schuld. Aber deshalb, weil die Pressefreiheit in der Bundesrepublik wie in Frankreich zugleich gegeben und begrenzt ist, zugleich echt und wirklich nur »formell«.

Stellen wir uns nur einmal die Frage, ob es heute möglich wäre, eine neue *ZEIT*, einen neuen *Le Monde* zu gründen. Die Antwort ist ein glattes Nein. Nicht (oder nicht nur) weil der Platz besetzt ist, d. h. weil das Publikum, das als echt erwachsen angesprochen werden will, leider nicht gerade unbegrenzt ist. Sondern weil keine junge, neue Kraft außerhalb der »Etablierten« das notwendige Geld finden würde, um den Druck und den Vertrieb zu bezahlen, um monate-, ja vielleicht jahrelang mit Verlust zu leben, bis Leser und Anzeiger erobert sind. Das Glück im Unglück, nämlich die Möglichkeit, 1945 von einem Nullpunkt aus neu zu starten, das ist in Deutschland und in Frankreich einmalig dagewesen und wird in absehbarer Zeit nicht wiederkommen.

Man blicke nur auf den Pressemarkt in der Bundesrepublik. Ich spreche noch nicht einmal von den Finanzgewaltigen und auch nicht von dem andauernden Kauf und Verkauf von Pressebetrieben, die ganzen Redaktionen über Nacht einen anderen Arbeitgeber aufzwingen. Ich spreche von den mit Recht angesehenen Wochenzeitungen. Mit einer Ausnahme sind sie alle in den ersten Nachkriegsjahren entstanden. Und die Ausnahme war nur möglich, weil die katholischen Bischöfe finanzielle Hilfe leisteten und – Wunder der Wunder! – sie trotz der Freimütigkeit der Redaktion weiter gewährten, jedenfalls bis heute.

Wie enorm ist da die Verantwortung der bestehenden Blätter (wäre ich pessimistisch veranlagt, so würde ich sagen: der Überlebenden), die politische Information, die politische Aufklärung als Dienst und Berufung zu betrachten! Neue, jüngere Redakteure zu Wort kommen zu lassen, die anders analysieren und anders urteilen. Sprachrohr sein für die Schwachen, die meist auch die Stimmschwachen sind. Einsehen, welches Privileg man genießt, sich frei ausdrücken und die Waffe des Worts benutzen zu dürfen ...

In dem Ihrer Person und Ihrem Wirken gewidmeten Anhang des Sammelwerks *Das 198. Jahrzehnt. Eine Team-Prognose für 1970 bis 1980*, das anläßlich Ihres sechzigsten Geburtstags im vorletzten Jahr veröffentlicht wurde, erzählt Gerd Bucerius, daß Sie Journalistin werden wollten, um die Welt zu ändern, und er schreibt: »Marion Dönhoff hat ihren Teil zur Weltveränderung beigetragen.«

Diese Feststellung ist voll berechtigt, wenn man weiß (oder zu wissen glaubt), daß Kennen und Verstehen versöhnend, friedenstiftend wirken – oder wenigstens den politischen Kampf um Wirklichkeiten, nicht um Mythen gehen läßt. Ich denke hier besonders an Ihre so aufgeschlossenen und aufschlußreichen »Berichte aus 4 Erdteilen«, die Sie im Band *Welt in Bewegung* gesammelt haben, der mit folgender, nüchterner Bemerkung beginnt:

> Eigentlich sollte man meinen, daß im Zeitalter des Reisens die Völker einander näherkämen. Das Gegenteil ist der Fall. (...) (Die Voraussetzung ist), daß man die heimische Elle zu Hause läßt und die fremden Welten mit ihrem eigenen Maß mißt.

Hier sind wir wieder bei der liberalen, der toleranten, verständnisvollen Grundeinstellung. Um aber weltverändernd zu wirken, d.h. um auf den Leser einzuwirken, dem man die fremden Welten darstellt, muß man jedoch auch Intoleranz zeigen. Anders ausgedrückt: wenn man durch geistigen Einfluß die gesellschaftliche und politische Entwicklung beeinflussen will, und sei es nur durch ein Auflockern der Vorurteile, so muß man sich doppelt verantwortlich fühlen. Das gilt für den Journalisten, den Fernsehproduzenten, den Lehrer, den Familienvater.

Verantwortlich nämlich vor der Freiheit des Lesers, des Zuhörers und Zuschauers, des Schülers, der Kinder, wie sie heute ist: der Einfluß soll nicht Gewalt ausüben, soll, um Jargon zu sprechen, nicht manipulieren, soll auf Gegenseitigkeit beruhen. Zugleich auch verantwortlich vor der erweiterten, wissenderen Freiheit, die wir dem Beeinflußten wünschen.

Nur zu bieten, nur zu sagen, was gefragt, was erwünscht wird: so erreicht man zwar Massenauflagen und Massenaudienzen, aber man verzichtet darauf, ein wenig ein Weltverbesserer zu sein. Sich nach dem zu richten, was man für den Beeinflußten nützlich glaubt: wie rasch ist die Bevormundung da oder die Versuchung, die jetzige Freiheit überhaupt nicht mehr als solche zu betrachten, d. h. denen zuzustimmen, welche die liberale Demokratie als Farce verhöhnen!

Mit dieser Spannung, in dieser Spannung muß man halt leben, wenn man freiheitlich Einfluß ausüben will. Und wenn man die Chance hat, es als Einzelperson zu können. In seinem Beitrag »Eine unabhängige Publizistin oder: Macht und Ohnmacht der Informationsmedien« zu dem erwähnten Band *Das 198. Jahrzehnt* schrieb Klaus von Bismarck:

> Die Frage drängt sich auf – im Hinblick auf die Zukunft –, welche Chancen ein Einzelner, der keine politische oder finanzielle Hausmacht hinter sich hat, bei zunehmender Konzentrierung der großen publizistischen Machtgruppen nutzen kann, um mit seiner Stimme durchzudringen. Daß wir auch in Zukunft auf diese einzelnen richtungweisenden Stimmen nicht verzichten können, scheint mir evident. Je mehr die Apparate funktionalisiert, je mehr wichtige Positionen in der Publizistik als politische Machtpositionen kalkuliert werden und dadurch Macht ausgeübt wird, um sie im Interesse von mächtigen Gruppen zu besetzen, desto lebensnotwendiger sind unabhängige Naturen, die sich nicht in den Sog des gerade Gängigen ziehen lassen.

Lebensnotwendig? Gewiß. Aber unter zwei Voraussetzungen. Zunächst muß man an den politisch heilenden Effekt der Wahrheit glauben und *Le Monde, Die ZEIT* oder die *New York Times* nicht als »zersetzend«, als »das eigene Nest beschmutzend« betrachten, wenn sie über den Algerienkrieg, über Vietnam oder über die Gesellschaft in beiden deutschen Staaten nüchtern aber eindringlich berichten. Und vor allem muß man sich darüber klar sein, daß etwas anderes genauso lebensnotwendig ist wie die freie Stimme des Einzelnen, nämlich gerade das Gegenteil des Gruppenlosen, des trotz »Engagement« immerhin abseits Stehenden.

*

Seien wir doch bescheiden: wir unabhängigen Weltveränderer durch Schrift und Erziehung, wir verändern die Welt recht wenig. Wir tragen zum Schutz von Freiheiten bei. Wir helfen, Befreiungen durchzusetzen. Aber die echten Beschützer, die echten Befreier sind nicht Einzelne, sondern Gruppen, denen es im allgemeinen mit voller Berechtigung um ihr eigenes Schicksal geht.

Ich glaube, daß *Die ZEIT* mehr bietet als das DGB-Organ *Welt der Arbeit*. Aber hundert Leitartikel, seien sie noch so einleuchtend und schonungslos, haben für die Mitbestimmung weniger getan als eine Streikdrohung des DGB im Februar 1951. Wenn es im XIX. Jahrhundert nur mutige und geistreiche liberale Journalisten gegeben hätte und nicht eine organisierte Arbeiterbewegung – in Deutschland wie in Frankreich und in England – wieviel schlimmer, wieviel schlimmer noch, würde es heute in unserer sogenannten Konsum-Gesellschaft aussehen? Und warum werden in unseren Ländern die Millionen alter Leute weiterhin vernachlässigt, trotz aller Zeitungsartikel? Weil die zahlenstarke Gesellschaftsgruppe der Sechzig-, Siebzig- und Achtzigjährigen keine selbstbewußte, kampflustige Organisation gezeitigt hat.

Bei der Schilderung der Lebensweise Ihrer Vorfahren haben Sie folgendes geschrieben:

> Ehe der Begriff der Nation erfunden wurde und ehe das Gift der Ideologie in alle menschlichen und zwischenstaatlichen Beziehungen einsickerte, war es keineswegs ungewöhnlich, Dienste in anderen Ländern zu nehmen. (...) Die Möglichkeit, sich seinen Herren auch außerhalb der Grenzen des eigenen Geburtslandes zu suchen, verhinderte die Ausbreitung nationaler Vorurteile und die Verengung des politischen Horizontes, die beide in späteren Zeiten so verhängnisvoll werden sollten.

Wie könnte ich diese Feststellung nicht gutheißen? Aber zugleich muß betont werden, daß nur allzuoft Nationen als solche unterdrückt wurden und werden und sich deshalb nur als Nationen die Freiheit erringen können. Und auch, daß die Verachteten, die Getretenen mitunter erst dann Gehör finden, wenn sie sich zusammen als Nation betrachten. Die Algerier hatten es lange versucht, als Einzelpersonen von Frankreich in Freiheit, Gleichheit und Brüderlichkeit behandelt zu werden. Erst die Berufung auf die Nation hat die Untertanen in Gleichberechtigte verwandelt.

Mehr noch: der Einzelne ist versucht, das Leid der anderen mit Geduld zu tragen. In Ihrem 1960 durchgeführten Interview des südafrikanischen Ministerpräsidenten zeigen Sie Ihre tiefe Abneigung gegen die Einstellung der Weißen, die den Schwarzen erst nach einer jahrhundertelangen zukünftigen Entwicklung Freiheit und Gleichberechtigung schenken wollen. Aber laufen wir nicht ständig Gefahr, ein wenig so zu denken wie Mr. Verwoerd? Dem schlecht ausgebildeten Lehrling, der vergeblich eine menschenwürdige Arbeit sucht, rufen wir zu: »Sieh mal, wieviel besser du es hast als die Jungarbeiter voriger Jahrzehnte. Und wir sind dabei, viel für dich oder wenigstens für deine Nachfolger zu tun.« Kann man ihm dann wirklich vorwerfen, daß er die Geduld verliert, d.h. entweder verzweifelt und zum Betäubungsmittel greift oder Mitglied einer Gruppe wird, die von Revolution spricht und nicht von langsamer Entwicklung?

Nein, ich befinde mich nicht im vollen Widerspruch zu dem vorhin Gesagten. Der Widerspruch liegt in der Doppelnatur des Friedens.

*

Friede ist Verständnis, Versöhnung, Ausgleich. Da sind wir in unserem Element, wir die Aufklärer, die Brückenschläger. Aber der Friede ist auch das zu Erkämpfende, das, was erst nach einem Sieg erreicht werden kann.

Unter den Völkern und innerhalb jeder staatlichen Gesellschaft gibt es nur allzu viele Privilegierte, die Frieden mit Ruhe verwechseln und die Benachteiligten eben als »Störenfriede« empfinden, sobald diese das Bestehende verändern wollen. Friede als Ruhe: das kann es eigentlich nur auf dem Friedhof geben.

Denn der Friede in der Welt ist kein Zustand, sondern eine Forderung, die manchmal durch Erklären und Überzeugen der Erfüllung nähergebracht wird und manchmal durch Druck und Kampf.

Unser Liberalismus, unsere Toleranz sind nur vollkommen, wenn wir sie bis zur schwierigsten Einsicht treiben: der Friede wird zwar nur erreicht sein, wenn alle Menschen liberal und tolerant sind, aber solange das nicht der Fall ist, ist es gut, ist es notwendig, daß der Friede als Forderung nicht nur von Toleranten vorangetrieben wird.

Und doch glaube ich, daß ein Wirken wie das Ihre vorbildlich ist, weil Sie, durch Ihre Persönlichkeit wie in Ihren Schriften, zeigen, was heute allzu oft vergessen wird, nämlich, daß man die Ordnung der Welt nicht zum Guten verändern kann, ohne sich selbst verändern zu müssen. Das Überwinden ist nur fruchtbar, wenn es mit Selbstüberwindung verbunden ist.

Der Friede in mir ist eng mit dem Frieden in der Welt verbunden. Auch er ist Forderung. Es ist schwer, ihr zu folgen, weil sie zugleich Zufriedenheit und Nichtzufriedensein verlangt. Zufriedensein: ein Element des Friedens. Sich nicht zufriedengeben: unabdingbare Voraussetzung für die Schaffung des Friedens.

Wenn man Ihre Schriften liest, wenn man Sie kennt, da weiß man, wie gut Sie beides verbunden haben. Sie fordern von sich ebensoviel wie von der Umwelt. Sie finden Ihren Frieden in der Sisyphos-Arbeit, auf die Umwelt einzuwirken. Sie widerstehen der deutschen, der christlich-pietistischen, der schönen Versuchung, die einmal bei der Erzählung einer Ihrer Ritte durch Masuren zum Ausdruck gekommen ist:

Solche Bilder: das Fallen der Blätter, die blaue Ferne, der Glanz der herbstlichen Sonne über den abgeernteten Feldern, das ist vielleicht das eigentliche Leben. Solche Bilder schaffen mehr Wirklichkeit als alles Tun und Handeln – nicht das Geschehene, das Geschaute formt und verwandelt uns.

Zum Schauen bestellt? Das stand schon am Ende des *Zweiten Faust.* Ja, zum inneren Frieden, zur Gelassenheit und zur Freude, die nötig sind, um tatkräftig zu sein, gehören sowohl der beglückte Blick auf die weißen Segel, die in der Hamburger Abendsonne die blaue Alster mit dem blauen Himmel verbinden, wie auch der Blick nach innen, bei dem die Zeit stillsteht und die Umwelt verschwindet.

Aber der Augenblick, dem Faust sagen möchte »Verweile doch, du bist so schön!« wäre doch der, wo er auf freiem Grund mit freiem Volk stehen würde.

Die tägliche Eroberung der Freiheit und des Friedens: nun, meine Damen und Herren, Ihre Anwesenheit beweist, daß auch Sie davon überzeugt sind, daß Marion Dönhoff Goethes »Weisheit letzter Schluß« verwirklicht hat und sich dadurch nicht nur »die Freiheit und das Leben« verdient hat, sondern auch den Friedenspreis.

Zur französischen Selbstbesinnung

Deutsch-französische Anfänge

1971 ist Carlo Schmid der deutsche Koordinator der deutsch-französischen Zusammenarbeit auf Regierungsebene. Diese Zusammenarbeit hat sich seit dem Vertrag von 1963 sehr stark entwickelt. Eine solche Entwicklung ist aber nur möglich gewesen, weil es bereits vor 1963, vor 1958 und de Gaulles Rückkehr zur Macht, vor 1950 und Robert Schumans revolutionärem Vorschlag eine deutsch-französische Zusammenarbeit gegeben hat, die weitgehend privater Initiative entsprungen war und an der Carlo Schmid entscheidend teilgenommen hatte.

Im Jahre 1948 entstand das Deutsch-Französische Institut in Ludwigsburg, dessen Vorstand Theodor Heuss angehörte und dessen Präsident von seiner Gründung bis heute Carlo Schmid war und ist. Ein solches deutsches Institut hätte sich nicht entwickeln können, wenn es keine französischen Partner gehabt hätte. Das klingt heute selbstverständlich. Damals war es nicht so: Es gab ja keine deutsch-französischen Beziehungen, weil es kein Deutschland gab. Es gab eine französische Deutschlandpolitik und Beziehungen zwischen Besatzungsmacht und deutschen Behörden in der französischen Zone.

Der hauptsächliche Partner des Ludwigsburger Instituts wurde das Comité français d'Echanges avec l'Allemagne nouvelle, das von französischen Widerstandskämpfern – mehrere darunter, wie Rémy Roure, Claude Bourdet, Joseph Rovan ehemalige KZ-Häftlinge – geschaffen wurde, um allen Deutschen zu helfen, die ein freiheitliches Deutschland aufbauen wollten. Als das Comité 1967 die Nummer 100 seiner Zeitschrift *Allemagne* veröffentlichte, brachte diese Texte der ersten Nachkriegsjahre, die zeigten, was die Grundeinstellung der Wegbereiter einer deutsch-französischen Verständigung gewesen war. Ist es vermessen, diese Texte hier wiederzugeben, um Carlo Schmid zu ehren, d.h. einen der wenigen deutschen Politiker, von denen sich diese Franzosen voll verstanden und unterstützt fühlten? Carlo Schmid, der für sie nun seit einem Vierteljahrhundert ein verehrter Freund geblieben ist?

Das Comité wurde im Herbst 1948 gegründet, die vorbereitende Sitzung fand im Frühling im Büro von Emmanuel Mounier statt. Die erste Nummer von *Allemagne* erschien im April 1949. Aber das erste Team hatte bereits durch seine vorangegangenen Schriften die Richtung gewiesen. Pater du Rivau in der von ihm 1945 gegründeten Zeitschrift *Documents;* Robert d'Harcourt und René Lauret in ihren ersten Nachkriegsbüchern.

Zunächst daraus zwei Artikel von Jean Schlumberger, der eine am 16. Mai, der andere am 24. Oktober 1945 in *Le Figaro* erschienen. Es lohnt sich wirklich, nachzulesen, was er unmittelbar nach Kriegsende schrieb, er, der als Elsässer soviel unter Deutschland zu leiden hatte, und nicht nur die hier noch einmal veröffentlichten Passagen, sondern auch seine anderen, in Band VII seiner gesammelten Werke[1] enthaltenen zeitgenössischen Betrachtungen.

Die mutige Frage

... gewiß, das französische Volk hatte nur den einen Wunsch, nie mehr etwas von den Deutschen zu hören, sie sollten in ihrer selbstgeschaffenen Sintflut verschwinden, und daß ein gutes Stück Wüste unsere Grenzen von diesen Unruhestiftern trennte. Fragen wir nicht, wie es sich die Aufrechterhaltung eines solchen leeren Raumes mitten in Europa vorstellt, ob es selbst so viel Kinder in die Welt setzen will, um ihn zu bevölkern, ob es nicht vielleicht sogar wünscht, daß die fruchtbaren Russen bis ans rechte Rheinufer vordringen. Aber mit den Wunschträumen dieser Art von Vogel-Strauß-Politik können wir das Problem nicht lösen.

Wir haben es vor unserer Tür mit einer unbequemen und aufdringlichen Nation zu tun, die Europa seit achtzig Jahren in Unruhe hält. Und sie ist da und keineswegs beseitigt. Was aus ihr werden wird, ist für uns von allererstem Interesse. Der Gedanke, sie – einmal bestraft – in ihrem eigenen Saft schmoren zu lassen, ist nur eine faule Ausrede. So niedergeschmettert dieses Volk auch sein mag, das, was aus den Trümmern spontan wieder auferstehen würde, würde tendenziell eine Reproduktion des Vergangenen sein. Und es muß etwas anderes an seine Stelle treten, es darf nicht tatenlos abgewartet werden, bis die Strafe ihre Früchte trägt, wir müssen eingreifen und etwas dazu tun, um ein Deutschland zu schaffen, mit dem man Seite an Seite leben kann, ein umerzogenes Deutschland.

... Ein solches Programm bedeutet keineswegs Schwäche, vielmehr fordert es eine viel beschwerlichere Wachsamkeit, als alle summarischen Repressionsmaßnahmen oder auch als die primitivsten militärischen Vorkehrungen. Ein Werk, das viel Geduld erfordern wird, da es darum geht, eine Generation von Europäern aus heute zehnjährigen Kindern heranzuziehen; ein Werk, das ein ungeheures Fingerspitzengefühl verlangt, da es sich nur durch die Vermittlung vernünftig ausgewählter und wirksam

1 Paris 1961. Die beiden Auszüge stehen auf pp. 82–83 und 83–84.

zu unterstützender deutscher Lehrmeister realisieren läßt – kein direkter Zwang von außen könnte jemals etwas Eigenständiges in den Köpfen keimen lassen.

... Wir sind zu einer weit vorausschauenden Politik genötigt. Nach dem Versailler Vertrag haben wir nur zu oft eine fatalistische Defensivhaltung eingenommen. Wir überließen unseren Gegnern die Initiative. Wir fragten bloß: »Was werden sie noch erfinden, um die Ordnung zu zerstören?« Wer mutig die ihm zur Verfügung stehenden Kräfte verwenden will, darf nur eine einzige Frage stellen: »Was können wir erfinden, um eine Ordnung zu schaffen?«

Das deutsche Problem

Nicht der kleine Vorsprung unserer momentanen materiellen Stärke wird unsere Beziehungen zu Deutschland dauerhaft bestimmen, es wird vielmehr die Anziehungskraft sein, die wir auf es ausüben können.

... Aber selbst, wenn es wie naive Pädagogik erscheinen mag (die Eisenfresser werden es sogar als Schwäche deuten), die Rolle, die wir uns auferlegen, fordert ein schon fast an Kühnheit grenzendes Selbstvertrauen. Wir würden zu gern andere in unser Kielwasser ziehen, aber nur fahrende Boote haben eine Kielspur. Niemandem würde es einfallen, sich denen, die vor Anker liegen und schlafen, anzuschließen, wenn er sein Glück suchen will. Haben wir trotz unseres Geburtenrückgangs, unserer Trümmer und unserer ohnmächtigen Verwaltung noch genügend Schwung, genügend moralischen Vorrat, um für eine Bevölkerung, die in einer ganz anderen vitalen Spannung gelebt hat, einen attraktiven Pol darzustellen? Diese Frage muß vorher geklärt werden, und wir müssen den Mut aufbringen, sie uns zu stellen.

Unsere Absichten werden nur dann ein Echo finden, wenn wir die Überlegenheit dessen, was wir anbieten wollen, beweisen können. Wir sind von dieser Überlegenheit überzeugt, aber unsere nationale Vernarrtheit in uns selbst darf uns nicht darüber hinwegtäuschen, daß die anderen es nicht unbedingt auch sein müssen. Wir betrachten die Deutschen als Barbaren aufgrund ihrer unmenschlichen Disziplin, ihrer Freude an roher Gewalt und ihres Hangs zur Grausamkeit; aber umgekehrt gibt es viele Züge des französischen Lebens, die wiederum ihnen barbarisch vorkommen. Sie sind über den Schmutz und die Stagnation auf dem Land entsetzt; sie verachten unsere archaische Sozialgesetzgebung und unsere Rückständigkeit angesichts vieler fortschrittlicher Maßnahmen um uns herum. Unsere koloniale Expansion scheint ihnen keineswegs als reine Verwirklichung der Menschenrechte; sie haben erlebt, wie wir unsere tschechischen Alliierten verraten haben, wie schändlich wir mit den getreuen Saarländern, die sich zu uns geflüchtet hatten, umgegangen sind, und wie wir niederträchtig Breitscheid und Hilferding an Hitler ausgeliefert haben; sie haben gesehen, wie unsere Miliz und unsere Schieber gemeinsame Sache mit den schlimmsten Schurken bei ihnen machten. Wir mögen noch so einwenden, daß unsere Sünden, gemessen an den ihren, leicht wiegen, daß unsere schmutzigste Schande ihnen zuzuschreiben ist, es bleibt dennoch wahr, daß wir ihnen kein Bild reinen weißen Schnees bieten, geschweige denn einer Nation, der man gerne kleine Fehltritte verzeiht in Anbetracht ihrer Lebensfülle.

...Machen wir uns doch keine Illusionen: wir werden nichts als eine vergebliche Humanitätstheorie, eine nutzlose Abstraktion beitragen, wenn unser Auftreten auf fremdem Gebiet nicht gestützt, belebt und bekräftigt wird durch den Beweis unserer eigenen Lebenstüchtigkeit. Gespielte Energie täuscht niemanden. Nicht unsere Besatzungstruppen, wir selbst, im eigenen Land, werden über Sieg oder Niederlage unserer Deutschlandpolitik entscheiden.

Letztlich gibt es nur ein Hauptproblem: kein deutsches, ein französisches.

Einige Tage vor diesem zweiten Text hatte *Esprit* den Artikel eines Überlebenden aus Dachau, Joseph Rovan, Mitglied des Teams unserer Zeitschrift, veröffentlicht[1]. Sein Titel wurde zum »Leitmotiv« unserer ganzen Aktion.

Das Deutschland, das wir verdienen

Der Augenblick der Stille ist gekommen, die schwere Stimme, die Europa seit Jahrhunderten beunruhigt, ist verstummt. Schlimmer als die großen Interregnen im Mittelalter läßt der Fall des Dritten Reiches das deutsche Volk sprachlos, zerrissen, aller Macht beraubt, in fremden Händen. Europa muß mit einem Vakuum an politischem Leben und Willen in seinem Herzen leben. Durch seine eigene Schuld fehlt uns Deutschland. Dabei hatte es noch niemals einen so großen Sieg davongetragen wie 1940; und dennoch ist noch niemals eine europäische Großmacht so radikal besiegt worden wie Deutschland heute. Angesichts dieser beispiellosen nationalen Katastrophe war der Sieg Frankreichs niemals reiner als nach

1 *Esprit*, Okt. 1945, p. 529–540 (Auszüge p. 529, 532–533, 540).

diesem unerbittlichen Krieg, der sich gegen seine territoriale und menschliche Integrität und gegen die geistigen Werte, von denen es lebte, richtete, nie war ein Sieg reiner, weniger von Machtwillen befleckt, nach einem reinen Krieg, aus freiem Willen von Männern, die ihn nicht lieben, geführt. Aber nach diesem Kampf, der zugleich der beklemmendste und der reinste seiner Geschichte war, da das Recht und alle Rechtsansprüche ungeteilt auf seiner Seite waren, hat Frankreich nun die Verantwortung für Deutschland, für ein Deutschland, das sich gegen das Recht und die Menschheit erhoben hat, und das dieses infernalische Wagnis mit einer nationalen *diminutio capitis* bezahlt.

[...]

Damit sind wir beim Kernproblem angekommen. Die Besatzung ist eine der Gewissensfragen der neuen Französischen Revolution. Sie wird in den Augen der zuschauenden europäischen Völker der Prüfstein für unsere Fähigkeit, zu erneuern, sein. Aber auch hier, und mehr noch als in Frankreich selbst, drängt die Zeit. Es wird nicht leicht sein, die verlorenen drei Monate einzuholen. Aber je mehr Frankreich unter Deutschland gelitten hat (und sagen wir nicht: unter einem gewissen Deutschland, sagen wir ruhig, Deutschland insgesamt war für das deutsche Schicksal und die deutsche Politik verantwortlich, so, wie das gesamte Frankreich von der Politik seiner Besatzungstruppen mitbetroffen ist...), um so mehr darf es Deutschland nicht unter Ungerechtigkeiten und Unordnung leiden lassen, die dem Wesen nach die gleichen sind, wie jene, die Deutschland ihm zugefügt hat.

Die Frage ist, ob die Achtung der Menschenrechte, der Würde und der Persönlichkeit die lebendige und gelebte Doktrin der Résistance oder aber eine leere Parole ist, die der Müdigkeit, der intellektuellen Laschheit und dem »Materialismus« der Franzosen nichts bedeutet. Die Zweideutigkeiten, ein Erbe des Faschismus, verwirren die Gemüter, da, wo Zögern nicht am Platze ist. Wir können die Menschenrechte nicht durch einen Gegenrassismus korrigieren, weil damit ein Recht auf Rache, auf Vergeltung geschaffen würde. Ob sie nun direkt oder indirekt für die Hitlerverbrechen verantwortlich sind, die Ehrfurcht vor den Menschenrechten verschafft uns ein einziges Recht über die Deutschen, das zugleich eine Pflicht ist: die Gerechtigkeit. Und wir schulden sie in allererster Linie nicht ihnen, sondern uns. Jedesmal, wenn die Menschenwürde in der Person meines Gegners verunglimpft wird, wird sie auch in mir verletzt. Haben die Franzosen vergessen, daß 1939 für Danzig gekämpft werden sollte? Die Widerstandskämpfer haben sich 1943 für Danzig wie für Tschunking geschlagen (es tut hier nichts zur Sache, daß die Danziger gute Nazis und vorbildliche Deutsche waren). Freiheit und Gerechtigkeit waren eins für sie und durch sie. Sollen wir es jetzt zulassen, daß es auf der Welt zwei Rassen gibt, eine, die sich für die Rettung der Menschenwürde geschlagen hat, und die andere, die, weil sie gegen diese Würde verstoßen hat, ausgeschlossen und verdammt wird, auf eine Weise, daß die Sieger sie ungestraft demütigen dürfen?

[...]

Als die Erste Republik ihre Armeen zur Befreiung der europäischen Völker aussandte, glaubte sich die »Grande Nation« berufen, die Nationen die Freiheit zu lehren. Ist der Glaube an die großen Prinzipien in den Herzen der Franzosen so weit erloschen, daß sie sich weigern, in einer Umerziehung Deutschlands eine der Hauptaufgaben ihres eigenen Wiederaufbaus zu sehen? Wenn die Devise der Republik nicht mehr die universelle Berufung Frankreichs bedeutet, in welchem Namen hat dann die Résistance Widerstand geleistet? Was aus der entsetzlichen Wunde, die Deutschland jetzt im Herzen Europas aufgerissen hat, werden wird, daran wird das Werk der Nationen gemessen werden. Das Deutschland von morgen wird der Spiegel unserer Verdienste sein.

*

Ein Jahr später publizierte die Zeitschrift *Combat* eine Artikelserie von mit unter dem Titel: »Die deutsche Jugend«[1]. Die drei ersten beschrieben und analysierten; der vierte forderte zum Handeln auf.

Bevor es zu spät ist

Frankreich vollbringt in Deutschland große kulturelle Anstrengungen. Das steht in der Zeitung, das wird in den Reden verkündet, und, was noch mehr ist, es stimmt sogar. Die Universität Mainz ist auf Initiative und dank materieller und moralischer Unterstützung von seiten der französischen Behörden entstanden, Instituts Français sind gegründet worden, beispielsweise in Tübingen, wo es einen großen Zulauf von studentischer Seite hat. Theatergruppen, Musiker, Ausstellungen und Vorträge vermitteln den Bewohnern unserer Besatzungszone eine Vorstellung vom kulturellen Leben Frankreichs. Die jungen Deutschen konnten »Britannicus« und »Die Fliegen« sehen, das Trio Pasquier Debussy spielen hören. Daß diese Anstrengungen großen Anklang finden, steht außer Zweifel, und ich bin überzeugt, daß all die schönen Dinge, die mir diesbezüglich

1 *Combat*, 25.–31. Oktober 1947.

der Rektor der Universität Mainz oder der Regierungspräsident von Hessen-Rheinland gesagt haben, aufrichtig gemeint sind.

Aber glaubt man wirklich, das genüge, um bei den jungen Deutschen, ich will nicht sagen, die Liebe zu Frankreich, aber doch Verständnis für die französischen Probleme, und, noch allgemeiner, für die menschlichen Probleme überhaupt zu wecken? In Wirklichkeit kann die kulturelle Leistung nur sehr oberflächlich bleiben. Es ist gut, den »Trojanischen Krieg« zu zeigen, aber es wäre noch besser, den jungen Deutschen Bücher in die Hand zu geben, die ihnen erlauben, sich über das, was in anderen Ländern vor sich geht und gedacht wird, zu informieren. Und eben solche Bücher gibt es in unserer Zone nicht, weder im Original noch übersetzt.

Aber das schlimmste ist, daß der junge Deutsche versucht ist, Frankreich nach der Besatzungsmacht zu beurteilen. Und was er da zu sehen bekommt, ist nicht sehr attraktiv.

[...]

Es muß deshalb in Hinblick auf die junge deutsche Generation eine klare Politik formuliert werden: Hat man einmal offiziell erklärt, daß man sie für nicht schuldig hält, muß man ihr die Türen öffnen, sie informieren und sie mit jungen Menschen anderer Länder zusammenbringen.

Dabei genügt es nicht, daß junge Franzosen nach Deutschland kommen. Unsere Grenzen müssen auch für die jungen Deutschen geöffnet werden. Es ist absurd, daß die Besatzungsmacht für etwa 50 Schüler der Pädagogischen Akademien einen Aufenthalt in der Schweiz und nicht in Frankreich organisiert hat. Es wäre gut gewesen, wenn die wenigen deutschen Pfadfinder am Jamboree hätten teilnehmen können. Die internationale Pfadfinder-Organisation hat es abgelehnt. Dennoch haben die Besatzungsbehörden 32 deutsche Pfadfinder als Beobachter entsandt. Die gesamte deutsche Presse hat die Meldung aus Moisson gedruckt, derzufolge die Beobachter von der französischen Delegation vorzüglich empfangen worden seien (und, merkwürdigerweise, schlecht von den Schweizern und den Schweden). Eine solche Geste tut mehr für das französische Renommee als alles Reden über unsere Größe.

Die jungen Deutschen müssen die Möglichkeit haben, nach Frankreich zu kommen. Es geht ja gar nicht darum, gleich Zehntausende zu empfangen, vielmehr, langsam fortschreitend, Kontakte mit den besten Elementen unserer Jugend herzustellen.

Es stimmt, daß eine Finanzierung derartiger Reisen zu Lasten unseres Besatzungsbudgets gehen würde. Aber das nötige Geld ließe sich leicht beschaffen. Die Einsparungen, die durch eine Zurückziehung von Besatzungskräften und durch eine Herabsetzung ihres Lebensstandards erreicht würden, genügten bereits, unsere Zone mit Büchern und Frankreich mit Reisenden zu überschwemmen. Ein anderer Einwand ist viel schwerwiegender, weil er ein profundes Unverständnis für die Situation der deutschen Jugend verrät. Es sei zu früh, heißt es, junge Deutsche nach Frankreich zu lassen. Worauf will man denn warten? Darauf, daß die Franzosen die Besatzung, die Erschießungen, die Lager vergessen? Aber es muß ganz im Gegenteil gehofft werden, daß sie niemals vergessen! Gerade im Bewußtsein all dessen sollen sie die jungen Leute von dort empfangen, und zwar genau, um die Wiederkehr gleicher Greuel zu verhüten.

Die deutsche Jugend ist aufgeschreckt und sucht ihren Weg. Und sie ist, wenn sie sich isoliert und ausgeschlossen auf ewig fühlt, in Gefahr, in tiefste Verzweiflung und gleich danach der erstbesten Ideologie zu verfallen, wenn diese ihr nur eine glorreiche Zukunft verheißt – und sei es auf Kosten anderer Länder. Die Niederlage ist noch zu nah, als daß sich ein neuer Nazismus aufschwingen, der alte zu Kräften kommen könnte. Aber mit der vergehenden Zeit wächst die Gefahr. Die Hilfe für die junge deutsche Generation käme zu früh? Ich möchte eher glauben: noch ist es nicht zu spät!

*

Im darauffolgenden Sommer schreibt Emmanuel Mounier, von einer Deutschlandreise zurückgekehrt, in *Le Figaro Littéraire* vom 21. August 1948 unter dem bezeichnenden Titel:

Deutschland: Frankreichs Verantwortung

– Wir sind mit einer festen Vorstellung nach Deutschland gekommen, mit der Vorstellung von Tugendwächtern, von einem ganzen Volk das Eingeständnis seiner Schuld zu erhalten. Diese Politik ist fehlgeschlagen.

– Indem wir ein Schuldbekenntnis verlangt haben, wie man eine Ehrenbezeigung verlangt, haben wir nur eine Trotzhaltung provoziert. Aus dieser Verweigerung des Schuldbekenntnisses stellt sich wieder ein Nationalstolz her.

– Ein deutsches Blatt schlägt vor, junge Deutsche sollten Oradour wiederaufbauen. Sofort melden sich von überallher Tausende von jungen Leuten. Oradour weigert sich, und es ist nur zu verständlich.

»Ihr habt einen totalen Sieg gewollt. Nehmt eure totale Verantwortung wahr.« Mit diesen Worten, in denen ein Ton ironischer Ungeduld mitschwang, kennzeichnete vor nunmehr beinah zwei Jahren Minister Carlo Schmid die Nachkriegssituation. »Richtig«, erwiderte ich ihm, »unsere schon, aber nicht Eure. Jeder nehme die seine wahr, damit der Weg wieder frei wird.«

Die unsere. Und das heißt vor allem, sich in Ermangelung einer definitiven Klarheit richtiger Ausgangspostulate zu versichern. Ich sehe drei, ohne die wir dem Abgrund entgegengehen.

Das erste: es gibt kein französisch-deutsches Problem mehr. Kranke können sich nur schwer von ihren alten Leiden und Völker von ihren Ängsten trennen. Aber es ist Tatsache. Galilei ist da gewesen, das Zentrum der Welt ist nun ein anderes. Wir sind betrogen, weil selbst noch das besiegte Deutschland der Ort ist, an dem sich die Großen der Welt versammeln und sich bekämpfen. Aber man braucht nur auf den Ton, der bei ihren Konferenzen herrscht, zu achten: Deutschland ist nur noch eine Hilfsunbekannte in der Gleichung UdSSR – USA; Frankreich ein zusätzlicher Koeffizient. Wenn Paris es noch als Ungeheuerlichkeit empfindet, unsere historischen Träume noch einmal bis an den Rhein auszudehnen, die Welt denkt längst nicht mehr Rhein, sondern Elbe, Donau, Rotes Meer, Nigeria, Mongolei. In diesem ausgespannten Netz ist es unvorstellbar, daß Deutschland wie gestern noch allein seine europäischen Ambitionen befriedigt, und Frankreich wird sich nur unnötig lächerlich machen, wollte es 1948 Ideen nachhängen, die 1918, 1870 oder gar 1648 entwickelt wurden.

Wenn wir dem zustimmen, werden wir bald nicht mehr von einer deutschen Seele sprechen können. Nicht, daß dieser Begriff ohne jede Realität, zumindest provisorische, wäre, aber er ist zu bequem. Und er dient mehr und mehr dazu, den Problemen auszuweichen. Wir übernehmen das Erbe einer Generation, in der, wenn man ihr Glauben schenkt, alles sich zwischen Seelen abspielte. Die russische Seele brachte die Sowjets hervor, was uns die Mühe sparte, den Sozialismus zu verstehen, die deutsche Seele brütete Hitler aus, was uns den Vorwurf ersparte, Weimar verpfuscht zu haben, und die französische Seele wandelte stolz in den Regionen der Mäßigung, bis eine gestiefelte Seele sie mit großem militärischem Aufwand daraus vertrieb. Sprechen wir also von Kohle, Korn, Stahl, Kirchen, Sozialismus, Vertriebenen, Nazismus, Preußen, Bayern, Armee, Gewerkschaften, von allem, nur nicht von der Seele: Es kommt darauf an, konkrete Probleme zu erkennen und zu lösen, solche, die keine Abhandlungen, sondern Forderungen stimulieren. Damit würde zugleich die deutsche Seele mit all ihren Komponenten und Existenzbedingungen die einzig wirksamen Heilmittel für ihre Kranken entwickeln und einige ihrer falschen Mysterien ablegen.

Alles in allem, wenn es nicht zuviel verlangt ist, wollen wir uns zu denken bemühen, daß das Deutschland von 1960 keine Fatalität natürlicher Kräfte, daß es vielmehr sein wird, was wir aus ihm gemacht haben werden, daß es sein wird, was man »das Deutschland, das wir verdienen«, genannt hat. Für viele Franzosen besitzt Deutschland nur so viel Realität, wie für einen Bauern das Gewitter, wie die Frau für einen Theologen: eine jederzeit mögliche Katastrophe, deren Gesetzmäßigkeiten man nicht kennt. 1945 nun konnten wir Deutschland in jede Richtung biegen, und zwar gerade auf Grund jener außerordentlichen Biegsamkeit, jener Lust, immer wieder vom Nullpunkt auszugehen, jenen romantischen Aufbrüchen, die ihm eigen sind. Es gibt zähe Länder wie Polen, Finnland oder Serbien. Deutschland dagegen ist die gefügigste Nation überhaupt. Es überläßt sich seinen verhängnisvollen Neigungen nur nach Perioden langen Zögerns, wodurch sich seine innere Unsicherheit verrät. Es hängt zum großen Teil von seinen Nachbarn, mehr noch von seinen Siegern ab, ob es wieder auf die schiefe Bahn gerät oder ob es sich fängt. Leider hat man nach Hitlers Sturz von Hitler in uns sprechen können. Hüten wir uns, daß nicht der gleiche luzide Blick morgen uns anklagen muß, einen Hitler durch unsere eigene Schuld hervorgebracht zu haben.

[...]

Andererseits darf man in diesem unbeständigen Klima auch nicht zu große Furcht vor der Radikalität der Jugend haben.

Bei der Ankunft waren wir nur von dem einen Gedanken besessen: Anti-Nazi. Wir haben die dürren Früchte eines im Kampf ergrauten Antinazismus gepflückt, ein Museum von liberalen, klerikalen oder sozialistischen Politikern und Schriftstellern, Überlebende der parlamentarischen Periode, erfüllt von vagem Gerede oder spitzfindigem Dogmatismus. Aus der Sicht der Jungen: nichts als Fossile, Fremde. Und weil diese jungen Leute alle in der HJ oder beim BDM waren, und die Besten verantwortungsvolle Ämter innehatten, die nicht zwangsläufig Mordkommandos waren, glaubten wir en bloc jene Zukunftsreserven zurückstoßen und entmutigen zu müssen, die durch eine großzügige Amnestie und einige spektakuläre Maßnahmen ohne große Anstrengung hätten gewonnen werden können. Der Kleinbürger, der bei der lokalen SS sein Spielchen getrieben hat, die heute fünfzigjährige, in Profit und Karrierismus gealterte Bestie, sie sind für die Zukunft Deutschlands ohne Bedeutung. Aus den jetzt Zwanzigjährigen bildet sich die künftige Generation von Erlösten oder Verzweifelten heran.

Ihr Feuer brennt noch. Kürzlich schlug eine deutsche Zeitung vor, junge Deutsche sollten Oradour wieder aufbauen. Sofort meldeten sich von allen Seiten Tausende junger Leute. Oradour lehnte ab, und es ist nur zu begreiflich. Aber wenn wir – nachdem wir sie einmal enttäuscht haben – diesen jungen Männern, die romantische Gesten lieben, kein anderes sinnvolles Ziel für ihre glühende Bereitschaft anzubieten haben, dann ist zu fürchten, daß der Österreicher mit dem Glutblick sich ein zweites Mal ihren Drang zunutze macht. Die Not der Jugend ist groß. In Hamburg wurden 1947 14611 Jugendliche wegen der verschiedensten Delikte verhaftet, in Berlin 26000, darunter 60% zwischen 16 und 17 Jahren. Zehntausende irren ohne Familie und ohne Beruf auf den Straßen umher. Studenten, die noch in der günstigsten Lage sind, leben zu viert in einem Zimmer, arbeiten neben ihrem Studium, und es steht zu befürchten, daß die Währungsreform 70% von ihnen zwingen wird, ihr Studium aufzugeben. Es ist klar, daß sich diese Jugend mehr als Opfer denn als Mitschuldiger empfinden muß.

Hier keimt eine tödliche Saat für Europa. Zunächst müssen alle diejenigen, die nach 1925 geboren sind, moralisch befreit und durch eine formelle Erklärung für nichtschuldig befunden werden. Es darf ihnen nicht wieder und wieder eine Vergangenheit vorgehalten werden, die für sie zu einem Alptraum geworden ist. Sie müssen dem Nihilismus entrissen werden. Man weise ihnen präzise Aufgaben zu und mache ihnen Hoffnung um den Preis harter Arbeit und Disziplin, die sie ja selbst fordern, sofern diese einen Sinn haben und sie aus der Isolation nehmen. Wird man es rechtzeitig begreifen? Einer, der die deutsche Jugend gut kennt, umreißt ihre gegenwärtige Geisteshaltung etwa so: ein Fünftel Unverbesserliche; ein Zwanzigstel, die sich von Anfang an für Demokratie und internationale Verständigung engagiert haben; ein Fünfzehntel, die wir überzeugen konnten und die etwas von uns erwarten; ein Zehntel, die sich einer Außenpolitik der Blöcke, sowjetisch oder amerikanisch, verschrieben haben; der Rest – die große Masse – 75% – schwankend, abwartend. Und er meinte, daß in dem Maße, in dem wir die jeweiligen Gruppen enttäuschen, die erstgenannte Gruppe bei den anderen Prestige gewinn und sie beeinflussen wird. Sind wir im Begriff, eine verzweifelte Jugend heranzubilden? Haben wir vergessen, wohin Verzweiflung führen kann?

Es ist viel über die technische Seite der Währungsreform geredet worden. Sie wiegt wenig gegenüber dem menschlichen und politischen Drama. In Tübingen gab es sechs Tage nach dem Erlaß etwa zehn Selbstmorde. Vor zwanzig Jahren begann ein anderes Abenteuer mit den gleichen Anzeichen. Wenn die Reform allein von den Fachleuten durchgeführt wird, die nur an ihre Bilanz denken und sich einen Teufel um mögliche soziale Konsequenzen scheren, wird ein beträchtlicher Teil der mittleren Schichten an den Abgrund gedrängt, den Dämonen eine Beute. Das »ewige Deutschland« wird davon profitieren, wenn wir eigenhändig jene Versprechungen, die wir hätten wecken können, an diese falsche Ewigkeit fixieren. Sollte Deutschland noch einmal Europas Unglück werden, käme ihm die Hauptschuld zu. Aber dieses Spiel mit einem vorherbestimmten Schicksal hätte jene Zone der Verantwortungsmöglichkeit und des historischen Spielraums außer acht gelassen, die wir gleich zu Beginn verspielt hatten. Von dem Sieger hängt es jeweils ab, in seiner ihm von der Geschichte zugewiesenen Position durch Klugheit zu verhindern, daß der Besiegte seine Fehler noch einmal macht. Es ist höchste Zeit!

*

Zu diesem Zeitpunkt finden schon seit drei Jahren auf Initiative des Büros für »Jugend und Sport« (das heißt von Jean Moreau und Geneviève Carrez) im Rahmen der Kulturabteilung der Militärregierung Treffen zwischen jungen Franzosen und jungen Deutschen statt. Wenige Tage vor der ersten Versammlung des Komitees in der Sorbonne schilderte ich in *Le Monde* vom 22. September 1948 meine Erfahrungen:

Begegnungen in Deutschland

In den drei Ländern unserer Besatzungszone – Baden, Württemberg, Rheinland-Pfalz – haben gerade annähernd tausend Studenten fünf Wochen lang an einer internationalen Begegnung teilgenommen, genauer gesagt, einer fast ausschließlich deutsch-französischen Begegnung, so spärlich waren die Engländer, Skandinavier und »Beneluxer« vertreten. Dennoch gibt es nichts entsprechendes in der Bi-Zone, wo die Angelsachsen sich darauf beschränken, Ferienkurse für junge Deutsche zu organisieren, sei es in akademischer Form, wie in Göttingen, unter starker Beteiligung ausländischer Professoren, sei es in Form von Seminaren über Probleme der internationalen Beziehungen, wie in Waldersloh in Westfalen, wo wir ungefähr zehn Redner aus England, der Schweiz und Frankreich, jeder einen oder mehrere Tage lang mit etwa 60 jungen Gewerkschaftlern, Technikern, Leitern von Jugendgruppen oder Volkshochschulen, alles Deutschen, diskutierten.

Unter der Oberleitung der Ableitung »Jugend- und Volksbildung«

der Militärregierung Baden-Baden stellten alle drei regionalen Militärregierungen Programme auf, kümmerten sich um die materielle Organisation und die Rekrutierung der Kader.

Die Rekrutierung von Kadern war alles andere als einfach und stellte Probleme, die nur zu einem geringen Teil gelöst werden konnten. Wie sollte man Leute finden, die sowohl bereit als in der Lage waren, die Studenten anzuleiten, aber auch freundschaftlich ihr Leben zu teilen, die zum Thema der Gruppe sachlich etwas zu sagen hatten und sich sowohl Franzosen wie Deutschen verständlich machen konnten? Die jungen französischen Germanisten besitzen natürlich außerhalb ihrer Fachrichtung nur geringe Sachkenntnisse und alle anderen Fachwissenschaftler können nur in Ausnahmefällen Deutsch.

Dennoch ist in den einzelnen Spiel- und Arbeitsgemeinschaften Beachtliches geleistet worden, das bei weitem ausreicht, diese Treffen zu rechtfertigen.

Aber diese Sorte von Kameradschaft hat noch niemals daran gehindert, sich wenige Jahre später erneut mit der Waffe in der Hand gegenüberzutreten. Das Ziel des Zusammenlebens ist, sich gegenseitig kennenzulernen, aber dazu müssen auch heikle Themen zur Sprache kommen; selbst, wenn die Argumentation dabei wenig originell ist, muß sie doch jeder einmal angehört haben. Erst dann kann wirklich konstruktive Arbeit geleistet werden. Und in eben diesem Punkt hat sich ein fast genereller Mißerfolg gezeigt. Nur zu häufig wurden den Schwierigkeiten mit der absurden Besänftigung aus dem Wege gegangen: »du bist mir sympathisch, ich bin dir sympathisch, also verstehen wir uns auch«. Und viel zu viele Teilnehmer kommen nachhause zurück und sagen: »Ich habe wirklich gute französische und deutsche Kameraden gefunden, aber *die* Franzosen . . .« (oder »aber *die* Deutschen . . .«).

Dieser Mißerfolg hat zwei hauptsächliche Ursachen: zunächst einmal war die französische Rekrutierung mittelmäßig. Für die Deutschen hatte man sich große Mühe gegeben: Berliner waren mit Spezialflugzeugen hin- und zurückgeflogen worden, was jenseits des Rheins einen vorzüglichen Eindruck machte; die Teilnehmer in den badischen Zentren kamen hauptsächlich aus der Bi-Zone, eine weise Voraussicht, da in der französischen Zone dank unserer Demontagepolitik zur Unzeit und der Gegenwart unnötiger und parasitärer Besatzer die Sache so gut wie verloren ist. Aber die Wahl der Franzosen erfolgte weitgehend auf gut Glück. Nichts gegen ihren moralischen Wert, aber die Vorbereitung auf diese Begegnungen, ihre intellektuellen Fähigkeiten, ihr »Gewicht« waren einfach unzureichend. Denn, wenn man, wie in Germersheim, etwa zwanzig

Franzosen auf siebzig Deutsche losläßt, dann müssen sie wirklich etwas darstellen. Außer ...

Außer, man organisierte analoge Treffen in Frankreich. Und damit wären wir beim Hauptgrund für das Scheitern und auch dem entscheidenden: solange sich unsere Grenzen nicht weiter für die jungen Deutschen öffnen, solange die Kontakte auf eine verhaßte Besatzungsmacht beschränkt bleiben, werden wir nichts erreichen. Möglicherweise wird eine solche Anstrengung nur kleine Ergebnisse erzielen, womöglich ist es bereits zu spät, eine Arbeit auf lange Sicht in Angriff zu nehmen? Aber wir müssen es, als ständen bedeutende Resultate zu erwarten, als hätten wir ausreichend Zeit. Denn es bleibt uns keine andere Wahl, um den Frieden zu schaffen.

*

Zwischen Frankreich und der Bundesrepublik ist dieser Frieden geschaffen worden. Gewiß sieht vieles ganz anders aus, als wir es damals hofften. Aber auch viele unserer Befürchtungen haben sich glücklicherweise auch nicht verwirklicht. Ohne Überheblichkeit, ohne Überschwenglichkeit dürfen die Teilnehmer dieser deutsch-französischen Frühindarbeit mit Genugtuung auf die Früchte blicken. Nur selten ist es einem gegeben, als Bilanz von mühsamen Bestrebungen mehr Genugtuung als Enttäuschung vorfinden zu können. Diese Feststellung sollte auch Carlo Schmid heute mit Freude an dem Geleisteten erfüllen.

Der Wandel des Deutschlandbildes in der französischen öffentlichen Meinung in den Jahren nach 1945

Wir werden versuchen, zunächst einmal zu sehen, wie sich die deutsch-französischen Beziehungen seit 1945 entwickelt haben und wir werden dann versuchen zu skizzieren, was heute an politischen und weniger politischen Problemen noch übrig bleibt.

1945 gab es in Frankreich beinahe eine Einstimmigkeit über Deutschland, die sich damals sehr richtig, das heißt sehr volksnah, durch den Mund von General de Gaulle und seinen Außenminister George Bidault ausdrückte, nämlich: Deutschland soll solange wie möglich gefesselt bleiben, und wenn möglich soll es keine deutsche Einheit mehr geben. Es gab einige Überschreitungen, indem Leute Bücher veröffentlichten, in denen bewiesen wurde, daß die Bewohner gewisser Gegenden Deutschlands prädestiniert dazu waren, KZ-Wächter zu werden, weil das herzynische Gebiet schon längst Barbaren gezeitigt hatte, wovon allerdings die Rheinländer und die Bayern – ich weiß nicht warum – ausgenommen wurden.

Es gab aber andererseits bereits zu dieser Zeit in Frankreich eine Reihe von Männern, die sich darüber klar waren, daß eine Gesamtverurteilung Deutschlands und der Deutschen eben jenem Rassismus entsprechen würde, den man in Hitler bekämpft hatte; bereits im Sommer 1945 hat es vor allem zunächst in der französischen Besatzungszone, dann auch anderswo, Treffen gegeben zwischen Franzosen und Deutschen. Die meisten Franzosen, die an diesen Treffen teilnahmen und die damals diese Arbeit begannen, kamen aus Konzentrationslagern oder Gefängnissen, wo sie übrigens – was man damals in Frankreich kaum ahnte – Deutsche getroffen hatten, und für sie war der Wiederaufbau eines Kontaktes Notwendigkeit, wenn man nicht wollte, daß die Mehrheit der deutschen Bevölkerung der Bitternis verfalle. Eben weil sie in Konzentrationslagern gewesen waren, eben weil sie in Gefängnissen gewesen waren, waren sie nüchtern. Niemand konnte ihnen in Frankreich vorwerfen, nicht gewußt zu haben, was ein gewisses Deutschland sein kann, und andererseits gehörten sie nicht zu denen, die, wenn sie Deutsche trafen, nur gern gemeinsam Musik machen oder Wein trinken. Die ersten deutsch-französischen Diskussionen der Nachkriegszeit bestanden darin, daß jeder dem anderen klarmachte, was die deutsche Besatzung in Frankreich und was die Bombennächte in Deutschland waren. Und jeder versuchte, im eigenen Land zu kennzeichnen, was das Leiden des anderen gewesen war.

Ich glaube, daß aus dieser Arbeit vieles entstanden ist, was man heute nicht übersehen darf. Ich möchte als erstes eine gewisse Infrastruktur der deutsch-französischen Beziehungen nennen, die völlig unabhängig ist von der politischen Gegenwartslage. Es trifft sich nämlich, daß ein guter Teil dieser Leute, die sich nach 1945 trafen, sich heute – das gilt für alle, die einige Jahre älter sind – in verantwortlicher Stellung befinden, zum Beispiel bei der Presse, in den Auswärtigen Ämtern, in den Ministerien, in den Gewerkschaften, in den Parteien. Wenn Sie gestatten, darf ich ein ganz persönliches Beispiel einfügen: Wenn zum Beispiel in der Bundesrepublik etwas vor sich geht, was Frankreich betrifft, etwas, was mir nicht recht gefällt – das kann auch vorkommen –, dann nehme ich mein Telefon und rufe jemand in der deutschen Botschaft in Paris an und der berichtet nach Bonn. Und wenn etwas in Frankreich vorfällt, was ihm nicht gefällt, dann ruft er mich an und wenn es geht, schreibe ich einen Artikel in einer französischen Zeitung darüber. Wieso haben wir dieses Verhältnis? Weil wir uns seit 1947 kennen, weil wir seit 1947 befreundet sind und genau wissen, wie die Lage aussieht, die wir wollen und auf diese Art das ganze Offizielle völlig verschwindet. Woher kommt es zum Beispiel, daß, wenn Präsident Heuss nach London fährt, die Presse unfreundlich ist und daß, als Altbundespräsident Heuss nach Paris fuhr und als dann Präsident Lübke oder Dr. Adenauer kamen, nur die kommunistische Presse unfreundlich war? Hängt das nur mit der Psychologie des französischen Volkes zusammen? Keineswegs! Das hängt damit zusammen, daß fast alle Deutschlandspezialisten der französischen Presse aus jenen Treffen der Nachkriegszeit Erfahrungen haben, das heißt, daß sie von vornherein wissen, wie es um das Nachkriegsdeutschland bestellt ist und daß sie weniger mit Vorurteilen und mehr mit Kenntnissen urteilen. Frau Hausenstein weiß, wie die Lage noch 1950 in Paris war. Es war nicht immer ganz einfach. Aber ich glaube, bereits in den ersten Jahren waren die Ansätze zu den heutigen Beziehungen vorhanden, zum Beispiel auch unter Historikern. 1951 fand ein deutsch-französisches Historikertreffen statt, wo die Vergangenheit bewältigt wurde, wenn ich mich so ausdrükken darf. Nur in einem Punkt brennt heute noch der Krieg zwischen deutschen und französischen Historikern: Ist der Barock deutschen Ursprungs oder französischen? Alles andere, das heißt Wilhelm II. und Hitler, Napoleon und Poincaré ist gemeinsam überwunden worden. Das ist immerhin ein großer Fortschritt, wenn auch nicht alles bereits in den Geschichtsbüchern des Klassenunterrichts zu lesen ist.

Für die französische öffentliche Meinung schlechthin, das heißt für die Mehrzahl der Franzosen, waren die Jahre 1945 bis 1947 noch die antideutschen Jahre. 1947 aber standen die Franzosen vor einer sehr peinlichen Wahl: Was war einem unsympathischer, die Deutschen oder die Russen, die Deutschen oder die amerikanischen Kapitalisten? Denn 1947 ist das Jahr der Spaltung Ost-West. Für die kommunistische Seite wurde das furchtbar einfach. Es gab gute Deutsche und schlechte Deutsche. Die guten Deutschen lebten jenseits der Elbe und die bösen Deutschen diesseits der Elbe und das war alles. Für die anderen begannen lange Jahre des Zögerns und als zum Beispiel das Problem der deutschen Wiederbewaffnung kam, hat der »Spiegel« in einem klareren Stil als dem üblichen das treffende Wort geprägt: »Was die Franzosen eigentlich wünschen ist eine deutsche Armee, die größer sei als die russische und kleiner als die französische.« Das entsprach ganz genau der – sagen wir einmal – Tiefenpsychologie einer französischen Bevölkerung, die, weil sie die Deutschen nicht als Verbündete wollte, sie als Brüder akzeptierte, um sie besser in der Umarmung fesseln zu können. Aus diesen Gedanken ist ja weitgehend die EVG entstanden, und hier möchte ich nur eine ganz kurze Bemerkung über den großen Irrtum machen, der 1954 in beiden Ländern über die Fronten im anderen Land gemacht wurde. Es war eine so verfahrene Sache, daß man in beiden Ländern keineswegs die Sympathien oder Antipathien zum anderen aus der Haltung zur EVG herausziehen konnte. Um Ihnen ein Beispiel zu geben: Im Pro-EVG-Lager in Frankreich fanden sich ebensosehr aufrichtige Europäer, die aufbauen wollten, wie Leute, die sagten: »Unter dem Druck der Amerikaner muß man Deutschland bewaffnen. Was ist also das beste Mittel, um Deutschland gefesselt zu haben? Nehmen wir die EVG, das fesselt mehr als irgend etwas anderes.« Und im Lager der Anti-EVG hatten sie ebensosehr den sehr traditionellen Nationalismus, die Kommunisten oder Leute, die wie einige Deutsche dachten, die gegen die EVG waren, weil sie um die Zukunft der deutschen Demokratie zitterten, wenn wieder zu Waffen gegriffen werden mußte. Nach dem 30. August 1954 hat sich etwas sehr Merkwürdiges in Frankreich ereignet. Die Helden waren müde; man hatte sich so über die EVG ausdiskutiert, daß plötzlich Deutschlands Aufnahme in die Nato gebilligt wurde, und das ist etwas historisch sehr Merkwürdiges. Was war denn die EVG? Das war ein französischer Gegenvorschlag, damit Deutschland nicht in die Nato käme. Und nun wurde der Eintritt in die Nato der französische Gegenvorschlag zur EVG.

Man war wieder am Anfang angelangt.

Das war eine sehr merkwürdige Lage, die sich nur dadurch erklären läßt, daß man ziemlich abgekämpft war und vor allen Dingen, daß man begann, zu verstehen, daß die deutsch-französischen Beziehungen einfach nicht mehr das Hauptproblem der Welt waren. Keines der beiden Länder war mehr eine Großmacht, wenn man die Großmacht definiert als eine Macht, die allein irgendeiner anderen widerstehen kann. Man wußte, daß, wenn es um die deutsch-französischen Beziehungen schlecht steht, etwas gestört ist, daß aber, wenn sie sich gut gestalten, der Frieden deswegen noch nicht gerettet ist. Zugleich hatte Frankreich Probleme in Übersee, Probleme in Indochina, in Nordafrika. In den Jahren nach 1954 wurden die deutsch-französischen Beziehungen besser: Das Saarproblem wurde gelöst, so wie ungefähr sämtliche französischen außenpolitischen Probleme in diesen Jahren gelöst wurden, indem Frankreich etwas weggab. Das wurde in Deutschland vielleicht etwas übersehen. Natürlich war die Lösung, die eingetreten ist, für die Beziehungen gut. In Deutschland übersah man etwa, daß das Problem der Reparationen eines von Hitler gewollten Krieges einfach schlicht übergangen wurde, und da haben die Deutschen – das sage ich jetzt etwas kritisch – taktisch klug gehandelt. Bis etwa 1952 war Deutschland zu arm und kriegszerstört für Reparationen. Nach 1952 war es eine so alte Geschichte, das lag eben schon solange zurück, daß es eigentlich viel zu spät war, irgend etwas von Deutschland zu verlangen. Das ist etwas, was in der Saardebatte ein wenig untergegangen ist. Glücklicherweise hat am Tage des Saarreferendums unser Fußballteam in Moskau unentschieden gespielt und so hatten wir also auch eine nationale Genugtuung.

In den Jahren 1956–1958 trat nun eine sehr merkwürdige Entwicklung ein. Einerseits wurden die deutsch-französischen Beziehungen immer besser und die Beziehungen Frankreichs zu allen anderen Ländern ohne Ausnahme immer schlechter, denn in den Jahren 1956–1958 haben wir in Frankreich etwas erlebt, was den ersten Jahren der Weimarer Republik entspricht, nämlich das Aufkommen eines Nationalismus der Bitterkeit, aus dem Gefühl entstanden, daß die Nation langsam sinkt und daß natürlich nur das Ausland dafür verantwortlich sein kann. In diesen Jahren war man antirussisch, antiamerikanisch, antienglisch. Die Amerikaner wollten uns alles wegnehmen, die Russen waren sowieso gegen uns, die Engländer waren auch böse; es blieben die Deutschen, die eigentlich nichts von uns wollten. So ist das Paradox der 4. Republik auf Deutschland bezogen ungefähr folgendes: 1945 keine Feinde außer Deutschland, 1958 keine Freunde außer Deutschland. Diese Entwicklung in einer so kurzen Zeit ist etwas Außerordentliches.

Nun aber sank die vierte Republik und die Frage tauchte auf: Was nun? Als de Gaulle zur Macht kam, war man in Bonn und in Washington unruhig. Erstens, weil diese Situation etwas Neues war und dies allein schuf in Bonn und in Washington naturgemäß Unruhe, zweitens, weil man wie 1954 glaubte, wenn jemand kommt, an den wir nicht gewöhnt sind, dann bestehe die Gefahr – wie das traditionell in Frankreich ist –, daß eine andere Ostpolitik gemacht würde. Dazu kommt, daß General de Gaulle nicht dafür bekannt war, für die Europapolitik eingetreten zu sein und daß sein engster Mitarbeiter, Michel Debré, nicht gerade ein Vorkämpfer der europäischen Einigung gewesen war. Wieso ist es nun anders gekommen? Wieso haben sich die Beziehungen Bonn – Paris noch enger gestaltet? Das hängt zusammen mit de Gaulle, das hängt zusammen mit der französischen Lage, auf die ich dann nachher zu sprechen kommen werde. Ich möchte mit de Gaulle anfangen. Man hatte im Ausland de Gaulles Gedankengang falsch eingeschätzt. Was ist für de Gaulle wichtig? – Ein kurze Skizzierung seiner Gedankenwelt:

De Gaulle ist Nationalist nach der Definition: jemand, für den die Nation der höchste politische Wert ist. Als solcher ist es für ihn das Wichtigste – wie er es in seinen Memoiren oft erklärt –, daß Frankreichs Wirkungsmöglichkeit nach außen und sein Prestige am höchsten stehen. Die Frage des Ranges Frankreichs und die Frage Afrikas waren die beiden Hauptprobleme für de Gaulle. Auf beiden Gebieten hatte man Schwierigkeiten mit England, dem privilegierten Partner der Vereinigten Staaten in der Nato, und auf keinem der beiden Gebiete hatte man irgendwelche Schwierigkeiten mit der Bundesrepublik, sodaß letzten Endes de Gaulles Politik ungefähr folgendermaßen aussah und noch aussieht: Keine Position *zwischen* Ost und West. Aber: im Rahmen der westlichen Welt muß Frankreich mehr Mitbestimmungsrecht bekommen, und das kann es nur durch eine Unterstützung bekommen, denn allein ist es zu schwach. Woher kommt die Unterstützung? Sie kommt aus der Bundesrepublik. Aber warum soll die Bundesrepublik diese Unterstützung geben? Weil Frankreich die Belange der Bundesrepublik nach Osten bedingungslos unterstützen wird. Diese Art Pakt ist nie schriftlich fixiert worden, ich weiß nicht, ob er überhaupt ausgesprochen worden ist. Aber man kann die gesamte deutsch-französische Politik kaum erklären ohne diese ungeschriebene Gegenleistung der Unterstützung im Rahmen der Allianz und der Unterstützung nach Osten, zum Beispiel Härte in Berlin und so weiter.

Es traf sich, daß, als sich de Gaulle und der Bundeskanzler zum ersten Mal am 14. September 1958 in Colombes trafen, sofort das eintrat, was man Liebe auf den ersten Blick nennt. Warum? Ich glaube, der Hauptgrund ist ein ziemlich einfacher. Beide haben den größten Vorteil der Staatsmänner, einige wenige klare Ziele zu haben und alles andere systematisch diesen Zielen unterzuordnen. Um ein Beispiel für de Gaulle zu nehmen: Man könnte glauben und man glaubt es heute noch oft in Deutschland, er könnte mit Rußland liebäugeln und ich sage betont Rußland, weil für ihn die Sowjetunion zuerst Rußland ist, das heute für einige Zeit kommunistisch ist. Aber alles ist heute der Politik mit Deutschland aus den Gründen untergeordnet, die ich anführte. Deswegen wird er davon nicht abweichen. Der andere Grund, weswegen sich die beiden Staatsmänner so gut vertragen haben, ist der, daß für beide – für de Gaulle noch viel mehr als für Adenauer – der Primat der Außenpolitik gilt. Man kann de Gaulles Innenpolitik und Verfassungspolitik nicht analysieren ohne diesen zentralen Punkt des absoluten Primats der Außenpolitik; die Innenpolitik hat den alleinigen Zweck, die Nation zu beschwichtigen und sie außenpolitisch handlungsfähig zu machen. Das hat seine Vorteile und seine Nachteile. Die Politik der beiden geht noch einen Schritt weiter: Wie faßt de Gaulle die deutsch-französischen Beziehungen auf? Und hier glaube ich, ist etwas, was ich persönlich in den Reden, die General de Gaulle in Deutschland gehalten hat, bedauere, trotz all ihrer Vorteile. Er ist zuerst Frontkämpfer von 1914/18, bevor er Chef der französischen Widerstandsbewegung gegen das Hitlerdeutschland ist. Das heißt, alle seine Reden in Deutschland waren Reden zum Abschluß der Rivalität zweier Völker, etwa im Sinne von Bainvilles »Histoire de Deux Peuples«, die beendet ist mit dem Wiedertreffen zweier Völker, die sich oft bekriegt haben. Persönlich bin ich der Ansicht – vielleicht werden Sie anderer Ansicht sein –, daß das der deutschen inneren Entwicklung nicht notwendigerweise zuträglich ist, weil damit die Besonderheit des Nationalsozialismus verwässert wird, weil damit der Krieg von 1939 derselbe ist wie der von 1914/18, von 1870/71 und so weiter, so daß diejenigen in Deutschland, die ihre Mitbürger überzeugen wollen, wie außerordentlich phantastisch im katastrophalen Sinn der Nationalsozialismus war, etwas an die Wand gedrückt werden von denen, die sagen: Laßt die Vergangenheit Vergangenheit sein, wir haben so und soviel Kriege ausgefochten, einmal waren die einen schuld, einmal waren die anderen schuld, laßt uns jetzt Bilanz ziehen. Aber das kommt notwendigerweise aus der Auffassung de Gaulles, die Geschichte der Völker als Nationen zu betrachten und die Ideologien an die zweite Stelle zu setzen.

Wie sieht es aus mit de Gaulles Politik und der Aufnahme dieser Politik in der Bevölkerung über die brennendsten deutschen Probleme? Hier muß ich einiges sagen über Berlin, über das andere Deutschland, über die Oder-Neiße-Linie, was, so glaube ich, etwas provokatorisch klingen mag. Zuerst Berlin: Die Sympathien, die man in Frankreich für das Selbstbestimmungsrecht der 2 Millionen Berliner hat, gehen sicher sehr weit. Ich möchte, daß Sie das anerkennen, ich möchte auch, daß Sie anerkennen, daß das nicht ohne weiteres selbstverständlich ist. Es ist nicht selbstverständlich aus einem Grund, den Sie selbst überlegen müssen. Setzen Sie sich ein für alle Freiheiten der bedrängten Völker und Gegenden überall in der Welt? Das heißt, wenn Sie von uns verlangen – und wir tun es gerne –, daß die Freiheit der Berliner mit unserer gleichgesetzt wird, so bedeutet das eine ganze Menge von Ihrer eigenen politischen Organisation, wenn es irgendwo in der Welt darum geht, die Freiheit und Selbstbestimmung von Menschen zu schützen. Deswegen ist ein Unbehagen in Frankreich vorhanden über die Nichtanerkennung der DDR. Nicht, weil man sagt, oder jedenfalls nicht, weil die Mehrheit sagt, man solle sie anerkennen, sondern weil man oft den Eindruck hat, es gibt zwei moralische Prinzipien der westlichen Außenpolitik. Es gibt ein Prinzip der Moral und danach wird die DDR nicht anerkannt, und dann gibt es ein Prinzip des Realismus, danach haben wir Botschafter in Madrid! Auf der einen Seite sagen wir, wir können nur eine Regierung anerkennen, wenn sie aus freien Wahlen entstanden ist und auf der anderen Seite nehmen wir es mit diesem Prinzip gar nicht so ernst. Ich möchte, daß Sie nicht unterschätzen, welche Tragweite ein solches Problem in der politisch denkenden französischen öffentlichen Meinung hat.

Was bedeutet deutsche Wiedervereinigung in Frankreich? Zuerst eine Randbemerkung, weil diesbezüglich in Deutschland sehr oft ein Irrtum besteht. Wenn sich, was nicht der Fall ist, das menschliche Gehirn aus kleinen Schachteln oder Kisten oder Schubladen zusammensetzen würde, wo die Probleme fein säuberlich drinliegen, so liegt seit 10 oder 15 Jahren das Problem »deutsche Wiedervereinigung« nicht in der Schublade Deutschland, Affekte für oder gegen Deutschland, sondern in der Schublade Ost-West-Beziehungen. Das heißt, daß man das Problem der Wiedervereinigung betrachtet je nachdem, wie man eingestellt ist zu den Ost-West-Beziehungen. Es trifft sich, daß hier die Einigkeit größer ist als vor einigen Jahren. Seit der Katastrophe von Budapest hat es sich nämlich gezeigt, daß weder die liebäugelnde Politik die Russen überzeugt, nett zu sein [sagen wir die neutralistische Tendenz oder in der Bundesrepublik die ehemalige Heinemann-Tendenz], noch daß ein »roll-back« möglich ist, wie das Foster Dulles teilweise gesagt hat, so daß letzten Endes alle »Gomulkisten« sind; das heißt, daß die einzig mögliche Lösung *die* ist, eine kleine Liberalisierung zu unterstützen, ohne auf mehr hoffen zu können. Von dieser Sicht aus gesehen ist das Problem, was Sie Mitteldeutschland und SBZ und was man in Frankreich im allgemeinen als »Allemagne de l'est« bezeichnet, und das Problem der Oder-Neiße-Linie, das damit zusammenhängt, sehr wichtig. Stellen Sie sich für die Zukunft vor folgende Frage: »Was ist Ihnen wichtiger, die Wiedervereinigung oder der Lebensstil der Bevölkerung in der SBZ?« Ich stelle die Frage extra in der Form des »oder«, weil beides zusammen für weite Zukunft höchst wahrscheinlich ausgeschlossen ist. Ich möchte betonen, daß für Frankreich gesehen, und ich glaube, das gilt auch für den Rest der Welt, der Hauptpunkt die Selbstbestimmung ist, und das hat auch die deutsche Diplomatie ausgezeichnet verstanden. Was heute wichtig ist, ist der Punkt Selbstbestimmung. Die Wiedervereinigung liegt in einer Ferne, die genauso fern ist, wie das Sich-Vertragen zwischen Ost und West. Das ist eine tragische Feststellung. Ich möchte nicht, daß Sie daraufhin so reagieren und sagen, natürlich will Frankreich, daß Deutschland gespalten bleibt. Hier gibt es ein doppeltes Mißtrauen, das französische und das deutsche, auch heute noch. Wenn ein deutscher Staatsmann sagt, seien wir hart gegen Osten, dann schreit ein Teil der französischen öffentlichen Meinung: Kriegshetzer. Wenn er sagen würde, seien wir nicht so hart gegen Osten, dann hieße es natürlich: Rapallo-Politik. Umgekehrt, wenn ein französischer Staatsmann sagt, ich verhandle mit dem Osten, dann heißt es: natürlich wieder französisch-russisches Bündnis. Und wenn er sagt, ich bleibe hart gegenüber dem Osten, gibt es genügend Deutsche, die sagen: natürlich, er ist zufrieden damit, daß Deutschland gezweiteilt ist. Die einzige Lösung, die niemand annehmen will, die ich aber vorschlage, ist die, daß Deutschland in Moskau durch den französischen Botschafter und Frankreich in Moskau durch den deutschen Botschafter vertreten wäre. Das wäre, glaube ich, die einzige Möglichkeit, dieses Mißtrauen endgültig aus der Welt zu schaffen. Ich glaube, Sie müssen verstehen, daß dieses Problem des anderen Deutschland in der Zukunft in Frankreich notwendigerweise eine immer größere Rolle spielen wird, sei es nur durch etwas, was mir persönlich außerordentlich wichtig ist, nämlich den Sport. Unterschätzen Sie nicht die Wichtigkeit der Sportmeldungen für die Psychologie der Bevölkerung! Wenn zum Beispiel eine gesamtdeutsche Mannschaft bei den Leichtathletikmeisterschaften in Belgrad zusammen ist, oder die Radweltmeisterschaft in Leipzig stattfindet, wenn der Vorstand des Radfahrverbands in Paris nicht tagen will, weil die französische Regierung den Leuten der DDR die Einreisevisen verweigert, so schlägt das jedesmal Wellen, die nicht immer der Bundesrepublik günstig sind.

Ich will Ihnen heute nichts verschönern, darum möchte ich Sie darauf hinweisen, daß es auf diesem Gebiet eine Tendenz gibt, darüber unlustig zu sein, daß es immer die Bundesrepublik ist, die sagt: nein, wir können nicht mit diesen zusammenkommen und so weiter. Ich kenne alle Gegenantworten. Ich möchte nur darauf hinweisen, daß so eine Tendenz in der nichtpolitischen Bevölkerung besteht. Und die Aufgabe, für uns, die wir Deutschland kennen, ist es, zum Beispiel darauf hinzuweisen – was ich gerne auch gerade auf sportliche Weise das Beispiel der Olympischen Spiele nennen möchte –, wie Hitler 1936 dadurch gestärkt wurde, daß die ganze Welt ihm bei den Olympischen Spielen den Hof machte.

Was ist deutsche Wiedervereinigung in den Augen der Franzosen? Und hier wird es für Sie vielleicht bitter klingen, es ist Wiedervereinigung bis zur Oder-Neiße-Linie und nicht weiter. Ich glaube, Sie werden weder in Frankreich noch in den anderen Ländern, in England und Amerika, politisch interessierte Leute finden, die glauben, eine deutsche Wiedervereinigung werde weitergehen als bis zur Oder-Neiße-Linie. Ich möchte nur darauf hinweisen, daß das ein sehr wichtiger Punkt ist und daß dies ein Punkt ist, der meiner Ansicht nach in Deutschland – wenn ich das so sagen darf – nicht genügend ausdiskutiert wird.

Es bleiben neben den ausgezeichneten Beziehungen eine Reihe von Punkten übrig, die ich berühren möchte. Frankreich und Deutschland stehen sich heute außerordentlich nahe, wenn auch diese Differenzen, die ich eben erwähnte, in der Tiefe anzutreffen sind. Glauben Sie nicht, daß Deutschland und Frankreich deswegen notwendigerweise identisch sind. Herr Proebst hat schon mit großem Recht auf einiges hingewiesen. In vielem unterscheiden sie sich noch. Herr Proebst sprach von den bösen Jakobinern. Daran möchte ich anknüpfen, um genau in seiner Richtung zu sagen, daß auf vielen Gebieten die Grundeinstellungen noch ziemlich verschieden sind. Zum Beispiel, wie ist das Verhältnis Student – Arbeiter? Sagen wir es einmal so, wenn Sie vielleicht auch nicht damit einverstanden sein werden: Ein Student in Deutschland blickt mit einiger Überheblichkeit auf den Arbeiter. Ein französischer Student blickt mit bösem, schlechtem Gewissen auf den Arbeiter, weil er sich privilegiert fühlt.

Ich möchte das Beispiel des Katholizismus nehmen. Ich weiß, daß ich gerade in diesem Hause damit ein sehr heikles Thema anpacke. Sagen wir es einmal so: Jedenfalls von Frankreich aus gesehen, hat sich die Geographie ein bißchen geirrt und es ist nicht gerecht im Hinblick auf den Katholizismus –, daß auf der Karte Frankreich zwischen Deutschland und Spanien liegt, vielmehr sollte Deutschland zwischen Spanien und Frankreich liegen. Ich möchte das etwas näher umschreiben. Vor einigen

Jahren gab es in Maria Laach erstmals ein Treffen zwischen deutschen und französischen Jugendleitern. Das Thema war die EVG. Der französische Seelsorger reiste mit der französischen Delegation dritter Klasse – das gab es damals noch – und nahm an der Diskussion nur teil, wenn es um geistige Dinge ging. Der deutsche Seelsorger kam im Wagen mit Chauffeur, hielt eine flammende Rede zugunsten der EVG, worauf die französische Delegation beinahe nach Hause gefahren wäre, nicht weil sie für die EVG war oder dagegen, sondern weil es ihrer Ansicht nach nicht die Aufgabe des Seelsorgers war, darüber zu sprechen. Zweites Beispiel: noch einmal Maria Laach. Treffen katholischer Journalisten aus Frankreich und Deutschland. Die Franzosen waren unter sich über alles uneinig bis auf einen Punkt: sie waren einig darüber, froh zu sein, uneinig zu sein. Wieso? Weil sie mit dieser Uneinigkeit bewiesen, daß es ihnen mit dem politischen Pluralismus ernst war und daß man aus demselben Glauben sehr verschiedene politische Positionen beziehen kann. Ich glaube, hier liegt eine Reihe von Problemen, die nicht unterschätzt werden sollten, vor allen Dingen, weil es eine Zeit gegeben hat, in der eine Reihe junger französischer Katholiken – das ist zum großen Teil vorbei – vor dem Europa der sechs Länder Angst hatten, weil sie fürchteten, daß eine gewisse Besonderheit des französischen Katholizismus durch die benachbarten Katholizismen erdrückt würde.

Ich nahm den Katholizismus nur als Beispiel, ich möchte das etwas verallgemeinern. In der Bundesrepublik ist man mit der Gesellschaftsordnung der westlichen Welt schlechthin zufriedener als in Frankreich. Wenn man links und rechts folgendermaßen definiert: rechts, das ist die Verteidigung einer bestehenden Ordnung, links: das ist der Versuch, eine neue bessere Ordnung aufzurichten, so kann man sagen, daß Frankreich links von der Bundesrepublik liegt. Ich glaube, in der ganzen deutsch-französischen Diskussion hat eine gewisse Zufriedenheit der Bundesrepublik nicht mehr erlaubt, ein Gespräch zustandezubringen zwischen jungen Leuten, das denselben Grundtenor hat, wie in den Nachkriegsjahren, die in der Bundesrepublik die Jahre der Besinnung gewesen waren. Ich glaube, das muß auch betont werden. Wieso ist das immerhin Nebensache? Weil etwas verschwunden ist, was immer in Frankreich vorhanden war, das ist die Angst vor der deutschen wirtschaftlichen Überlegenheit. Herr *Proebst* wies darauf hin, daß es auf deutscher Seite keine Eifersucht mehr gäbe. Meine Antwort ist, daß auf der französischen Seite auch die Angst verschwunden ist. Und das ist das Wichtigste. Warum ist sie verschwunden? Aus wenigstens drei Gründen. Erstens: De Gaulles größtes Verdienst ist es wahrscheinlich, den

Nationalismus des Ressentiments, der Angst, der Xenophobie durch einen Nationalismus des Stolzes ersetzt zu haben. Dieser hat seine Nachteile, aber auch seine Vorteile; doch wie sieht es aus? Ein kleines Beispiel: Vor einem Jahr etwa hielt er am Rundfunk und Fernsehen eine Ansprache, in der er zunächst erklärte, daß wir, Frankreich, ein großes Land seien – 20 Minuten lang –, und er erklärte sogar, daß die Milch unserer Kühe und das Fleisch unserer Ochsen besonders gut seien; und während dieser 20 Minuten sagte ich mir, warum denn das? Und dann kam die Erklärung. In den letzten zehn Sätzen sagte er, daß in der folgenden Woche politische Verhandlungen mit dem FLN in Evian beginnen würden. Was heißt das? Wenn wir so reich sind, wenn unsere Kühe so gute Milch geben und so weiter, ist es eine geste de noblesse zu verhandeln; wenn wir armselig wären, wäre die Verhandlung eine Kapitulation. De Gaulle kann das der Bevölkerung um so besser glaubwürdig machen, als er ja selbst daran glaubt, so daß letzten Endes genauso wie bei Prof. Erhard sein größter Beitrag zum französischen Wirtschaftswunder sein persönlicher Optimismus ist. Ein pessimistischer Wirtschafts- oder Finanzminister trägt dazu bei, die Währung zu schwächen. Genauso nimmt ein Staatschef dem Lande seine Komplexe, wenn er überzeugt ist, daß es diesem gut gehe. Die französische Wirtschaft hat sich entwickelt; und dann kommt etwas anderes hinzu: die französische Wirtschaftsphilosophie hat sich verändert. Und das ist sehr wichtig in bezug auf Deutschland. Bis vor einigen Jahren galt für den Unterschied zwischen rechts und links in Frankreich folgendes: Links sprach man von einer besseren Verteilung des Sozialprodukts, rechts von der Notwendigkeit, einen ausgeglichenen Haushalt zu haben. Weder rechts noch links sprach man von der Höhe der Produktion. Erst in den letzten Jahren haben rechts und links entdeckt, daß man mehr Gerechtigkeit erzielt, wenn es mehr zu verteilen gibt, und daß der Haushalt nur ein Teil der Wirtschaftspolitik ist, wenn auch ein sehr wichtiger. Aus dieser Überzeugung heraus, daß, wenn Deutschland mehr Stahl produziert, das nicht notwendigerweise die Stahlproduktion in Frankreich zu verringern braucht, ist das Mißtrauen der Stahlindustrie verschwunden. Vor zehn Jahren diskutierte man über die Ruhrproduktion und was wurde gesagt? Man kann, von französischer Seite betrachtet, die Ruhr nicht mehr Stahl produzieren lassen, weil wir ja sonst weniger produzieren müssen. Und die Amerikaner und die Deutschen antworten mit Recht, das ist Unsinn, denn der Markt wird eben größer. Das ist dann auch schließlich eingetroffen. Und so denken heute auch die französischen Wirtschaftsleute. Das ist einer der Gründe, weswegen die Vorurteile und die Ängste verschwunden sind.

Deutschland gegenüber bleibt natürlich für Frankreich auch das Problem der deutschen Vergangenheit bestehen. Hier glaube ich, war es Carlo Schmid, der genau das geprägt hat, was dem französischen Empfinden entspricht. Er sagte, wir können vom Ausland nur verlangen zu vergessen, wenn wir selbst nicht vergessen. Sagen wir es in folgender Form: Je mehr in der Bundesrepublik davon gesprochen wird, was die Vergangenheit gewesen ist, je weniger wird man in Frankreich nach dem, was von der Vergangenheit übrigbleibt, fragen. Natürlich müßten auch viele Phänomene verschwinden, die mehr als unerfreulich sind: wer gewisse Dinge geschrieben hat in der Nazizeit oder gewisse Funktionen ausgeübt hat, hätte nie mehr im öffentlichen Leben wirken dürfen. Es hängt natürlich etwas mit dem zusammen, was ich nur ungern sage und das ist folgendes: das ganze Problem der deutschen Vergangenheit hat in Frankreich in den vergangenen Jahren ein etwas anderes Licht bekommen. Einige von uns, vor allem solche, die in den deutsch-französischen Beziehungen drinsteckten, waren gezwungen, ihren französischen Landsleuten zu erklären, daß man nur die deutsche Vergangenheit zur Rechenschaft ziehen dürfe, wenn man selbst nicht schweigsam bleibt gegenüber gewissen Dingen, die in Indochina oder Algerien im französischen Namen gemacht wurden. Diese Einheit des moralischen Urteils ist etwas, wofür gerade die sehr gekämpft haben, die in der deutsch-französischen Arbeit dringesteckt hatten und die sich 1945 in Frankreich als zu germanophil bezeichnet fühlten, weil sie gegen die Kollektivschuld waren und die manchmal seit 1950 als germanophob dastehen, weil sie heute noch gegen die kollektive Unschuld sind. Dieses Problem der Vergangenheit scheidet immer mehr von der psychologischen Bühne. Es kommt zum großen Teil daher, weil eben in dem Volksempfinden die gegenwärtige Politik über die Vergangenheit überhand nimmt. Ein ganz kleines Beispiel: In einer Schule in Vienne sur le Rhône wurden vor einigen Jahren bei 500 Kindern Fragen gestellt: »Wer ist intelligent?« »Wer ist böse?« und so weiter. Bei ›intelligent‹ schrieben sie: »die Franzosen«; bei ›kriegslustig‹ schrieben noch bis vor einigen Jahren die Kinder: »die Deutschen«. Dann wurde zu derselben Zeit gefragt: »Wer wird einen neuen Krieg hervorrufen?« Nicht ein Kind schrieb: »die Deutschen«. Je nach der Familie schrieben sie: »die Amerikaner« oder »die Russen«. Sie sehen – sagen wir einmal – die Spaltung zwischen dem, was von der gegenwärtigen Lage kommt und dem, was von der psychologischen Überlieferung kommt.

Letzten Endes ist die große Chance, die wir haben, die, daß unsere Zivilisationsform [ich übersetze aus dem Französischen, das heißt also Zivilisation und Kultur zusammen] daß unsere Zivilisationsform immer mehr identisch wird mit der des Nachbarlandes. Wenn wir in Frankreich lesen, daß es in der Bundesrepublik nicht genug Klassenzimmer gibt, dann lesen wir das nicht mit Schadenfreude, sondern mit einer gewissen Zufriedenheit, daß Sie genau dieselben Probleme wie wir haben. Wenn wir deutsche Zeitungen lesen, dann entdecken wir, daß die sozialen Probleme, die Probleme der Freizeitgestaltung, der gefährdeten Jugend, der Ehe, der Familie und so weiter so sehr dieselben geworden sind, daß junge Franzosen und Deutsche, die miteinander diskutieren, sich unwahrscheinlich nahe fühlen, fern von jeder Vergangenheit. Diese, sagen wir einmal, soziologische Verschmelzung fördert die Politik des gemeinsamen Marktes und umgekehrt. Hier zeigt sich immerhin noch ein einziges Hindernis, und das sei mein letztes skeptisches Wort: Frankreich und Deutschland sind in dieser Affäre, genau wie Herr Spaak, in der Lage, das gleiche zu wollen, nur von verschiedenen Gesichtspunkten aus. In der Bundesrepublik will man die europäische politische Einheit, in Frankreich wollen sie einige wenige; aber in Frankreich will man etwas, was man in der Bundesrepublik nicht will, nämlich eine wirtschaftliche Einheit, die etwas anderes ist als nur ein Tun- und Treibenlassen. Wir sind alle in Frankreich das, was man in Deutschland beinahe als kommunistisch bezeichnet, wir sind Planer. Der Vorsitzende unserer Industrievereinigung Georges Villiers – unser französischer Fritz Berg – ist wahrscheinlich mehr für Planungen als der Vorsitzende des DGB. Ich glaube, das ist eine sehr wichtige Feststellung für unsere Zukunft, denn hier wollen wir, glaube ich, von französischer Seite eine gemeinsame Gestaltung unserer Zukunft, die voraussetzt, daß man eingreift und handelt; aber zwischen der gleichen Gesellschaft und einer verschiedenen Auffassung darüber, wie man die Zukunft gestaltet, besteht nur ein kleiner Unterschied.

Bedenken Sie, daß ich im großen und ganzen überheblich gesprochen habe, indem ich sagte: *Die* Franzosen; denn man müßte sehr differenzieren, und ich glaube, daß auch auf Ihrer Seite gesehen werden muß, daß Sie hier leider nicht im Namen aller Deutschen sprechen. Schließlich sollten wir nie vergessen, wenn Schwierigkeiten kommen, daß wir schon schlimmere durchgestanden haben und daß wir uns nie dadurch beeinflussen lassen sollten, was die Emotion des Momentes bei der Mehrzahl der Bevölkerung ist. Wir haben das 1945 nicht getan, wir werden es in der Zukunft nicht tun; und wenn Krisen der Demokratie in einem der beiden Länder kommen [wir haben und hier stimme ich mit dem überein, was gesagt worden ist, das Recht, wenn wir Freunde sind, die Innenpolitik des anderen Landes zu beachten und zu beurteilen], wenn also Krisen in einem der beiden Länder kommen sollten, wenn eine gemeinsame Krise kommen sollte, unsere Aufgabe bleibt in jedem unserer Länder, gegen den Strom zu sprechen, das heißt hier in Deutschland Frankreich zu erklären, in Frankreich Deutschland zu erklären und das, was wir auf dem Herzen haben, denen zu sagen, die etwas daran tun können. Deswegen habe ich zu Ihnen so offen gesprochen, wie es ging.

Was hätten sie denn wählen sollen?*

»Die gerade erfolgte Willensäußerung der deutschen Wähler – die die charakteristischen Elemente des Nationalismus in sich aufgenommen hat – rechtfertigt die Befürchtungen gegenüber jeder politischen oder funktionellen Lösung, die Frankreich und seine Streitkräfte unwiderruflich mit einem Deutschland verquicken würde, dessen künftige Substanz noch durchaus ungewiß ist.«

Man könnte über dieses vom Büro der U.R.A.S.[1] herausgegebene Kommuniqué lächeln, äußerte sich nicht in ihm auf typische Weise eine Einstellung, die nach den deutschen Wahlen in der Presse und in den parlamentarischen Kreisen Frankreichs ziemlich verbreitet ist. Die Abgeordneten des einstigen »Rassemblement du peuple français« meinen wohl, daß eine politische Organisation keinesfalls mehr als ein Viertel der Wählerschaft hinter sich haben darf und daß die deutsche Politik nun, da die Partei des Kanzlers vier Jahre lang über eine armselige absolute Mehrheit und seine Regierung über eine jämmerliche Dreiviertelmehrheit verfügt, geprägt sein wird von einer Instabilität, die in Frankreich glücklicherweise völlig unbekannt ist; über Frankreichs künftige Substanz gibt es wohlgemerkt von vornherein keinen Zweifel!

Lassen wir diesen zweifachen und widersprüchlichen Vorwurf der Massivität und Ungreifbarkeit. Er ist weniger bedeutsam, weniger bezeichnend für einen bestimmten Teil der französischen öffentlichen Meinung als die zitierten Ausdrücke »die die charakteristischen Elemente des Nationalismus in sich aufgenommen hat« und vor allem »rechtfertigt die Befürchtungen«. Das also ist die große Idee: die deutschen Wahlen sollen die französischen Befürchtungen rechtfertigen. Aber wie hätten die Wahlen denn eigentlich ausfallen sollen, damit diejenigen, die in Frankreich sich allem Supranationalen widersetzten (selbstverständlich sind sie deshalb noch keine Nationalisten), diese drei Worte »rechtfertigt die Befürchtungen« nicht gebrauchen müßten? Anders gesagt, waren diese Worte nicht im voraus geschrieben und dann bestimmt, unabhängig vom Wahlausgang in Wort oder Schrift verbreitet zu werden?

Wenn die letzte überlebende neo-nazistische Partei irgendwelche Erfolge davongetragen hätte, was hätte man da nicht alles gesagt? Wenn die anderen Parteien der Regierungskoalition – auf Kosten der Christlichen Demokraten – stärker geworden wären, weil die eine alle mög-

* Nach den Wahlen zum 2. Bundestag (1953).

1 Gaullistische Partei.

lichen Kompromisse mit der Vergangenheit toleriert, die andere sich sogar um diese Kompromisse bemüht hat, wäre man dann beruhigter gewesen? Dem eifrigen Leser unserer Presse stellt sich nun die Frage: »Aber wo sind die Massen von Neo-Nazis denn geblieben?« Die Antwort ist ganz einfach: als Masse haben sie immer nur dadurch existiert, daß die meisten französischen Zeitungen die Nachrichten über Deutschland in einer bestimmten Weise ausgewählt und wiedergegeben haben.

Schon seit langem hat jede bestätigte oder unbestätigte Nachricht, die dazu dienen kann, dem Neo-Nazismus Wichtigkeit beizumessen, die Chance, in unserer Presse an bevorzugter Stelle zu erscheinen, während die Tatsachen, die die Existenz positiver Kräfte in Deutschland beweisen, im allgemeinen mit Schweigen übergangen werden. Immer wenn General Remer sich äußerte, wurde er mit großen Schlagzeilen bedacht. Jetzt, da er jedoch auf der Flucht ist, weil die deutsche Justiz einen Haftbefehl gegen ihn erlassen hat, ist das höchstens noch drei Zeilen und keine Überschrift mehr wert. Der lächerliche Brief eines deutschen Geschichtslehrers wird an bevorzugter Stelle kommentiert, doch der klare und präzise Text über die Beziehungen zwischen Frankreich und Deutschland in der Vergangenheit, den berufene Vertreter der Historiker beider Länder gemeinsam ausgearbeitet haben, hat fast nur die Leser des »Bulletin de la société des professeurs d'histoire et de géographie de l'enseignement public« erreicht. Und die französische Öffentlichkeit erfährt auch nicht, daß Tausende von Deutschen Frankreich und die Franzosen besser kennenlernen wollen, dies aber wegen des ungenügenden Entgegenkommens unsererseits nicht können.

Und wenn die Sozialdemokratische Partei den Sieg davongetragen hätte? Mit gutem Recht hätten diejenigen befriedigt sein können, die sich über die politische und soziale Restauration, gleich in welchem Land sie erfolgt, beunruhigen. Aber hätte man dann nicht in bestimmten französischen Zeitungen Kommentare dieser Art gelesen: »Der deutsche Nationalismus hat sich ohne Zögern gegen die europäischen Lösungen des Kanzlers und für die nationalen Lösungen der Sozialisten entschieden, was die Befürchtungen rechtfertigt... etc.«? Wenn der Kanzler von irgendjemandem geschlagen worden wäre, hätte man sicher den Kopf geschüttelt angesichts der Niederlage eines Mannes, der den vom ›Zentralrat der Juden in Deutschland‹ als »historischer Akt« bezeichneten Wiedergutmachungsvertrag unterzeichnete und ratifizieren ließ, eines Mannes, der seiner Außenpolitik das Ende jeder autonomen Außenpolitik in Europa zum Ziel gesetzt hat.

Wir bestreiten nicht, daß bestimmte Aspekte der deutschen Entwicklung beunruhigend sind. Wir haben sie anderweitig zu analysieren versucht. Doch sollte dafür nur auf begründbare Argumente zurückgegriffen werden. Ein Aufruf gegen das Aufleben einer deutschen Politik, die an die Gestapo und die SS erinnert, wird bei den Franzosen immer einen großen Widerhall finden. Aber warum hat der ehrenwerte Politiker und die große Partei, von denen dieser Aufruf stammt, nicht hinzugefügt, was sie unbedingt wissen mußten: Der Artikel des EVG-Vertrags, der die Beibehaltung nationaler Polizeikräfte erlaubte, ist gegen den Willen der deutschen Delegation und auf den dringenden Wunsch der Vertreter Frankreichs angenommen worden, wobei letztere die Zukunft der C.R.S. sicherstellen sollten?

Warum sieht man nicht auch ein, daß die Entwicklung Deutschlands von der Zukunft der gesamten westlichen Politik unmittelbar abhängt, in der wir unsere Rolle mehr oder weniger gut spielen. Warum weigert man sich zu sehen, daß über Deutschlands Zukunft auch in Paris entschieden wird? Es gibt einen französischen Isolationismus, der im Falle seines Sieges Gefahr läuft, eines Tages gerade das Deutschland hervorzubringen, das er angeblich fürchtet.

Man kann im Interesse der deutschen Demokratie und des Friedens gegen die Ratifizierung des EVG-Vertrags sein. Aber man hat nicht das Recht, den überholtesten Nationalismus zu Hilfe zu rufen, um diese Ratifikation zu bekämpfen. Und man hat vor allem nicht das Recht, Deutschland die ganze Verantwortung für die gegenwärtige französische Schwäche zuzuschieben. Wann wird man denn begreifen, daß nur der Kampf, den wir bei uns (oder in unserem Land) gegen die Stagnation, die Überalterung und die soziale Ungerechtigkeit führen, die einzige wahre deutsche Gefahr beseitigen kann?

Tragweite einer Hausdurchsuchung

Bei Henri Marrou, Professor an der Sorbonne, wurde eine Hausdurchsuchung vorgenommen. Er soll angeblich mit seinem Artikel »Frankreich, mein Vaterland« in *Le Monde* »wissentlich zu einer Demoralisierung der Armee beigetragen haben«.

Die spezifisch französischen Aspekte dieser Polizeimaßnahme sind wichtig. Es soll aber auf einen anderen hingewiesen werden, der die betrifft, die seit Jahren in einem deutsch-französischen Dialog über die Schreckenstaten des Nazi-Regimes stecken.

Wenn wir auch niemals den Begriff der »Kollektivschuld« eines Volkes akzeptiert haben, waren wir doch immer der Meinung, daß jeder einzelne mündige Staatsbürger an jedem, im Namen seines Landes begangenen Unrecht und inhumanen Akt, seinen Teil an Verantwortung trägt. Nimmt er diese Mißstände nicht zur Kenntnis, ist er verantwortlich, weil er sich nicht bemüht hat, die Wahrheit zu erfahren. Weiß er davon und schweigt, ist er verantwortlich, weil er durch sein Schweigen verhindert hat, daß unter dem Druck der öffentlichen Meinung, der er angehört, den Untaten ein Ende gesetzt wird.

Wenn man nach 1945 zu Deutschen sagte: »Ihr mußtet es doch wissen« oder auch »Ihr wußtet davon. Weshalb habt Ihr geschwiegen?« ... erhielt man oft eine der drei folgenden Antworten:

»Wie hätte man sich informieren sollen, wo doch die Presse alles verschwiegen hat?«

»Widerspruch war zu gefährlich.«

»Hätten wir bestimmte Vorkommnisse verraten, hätten wir Deutschland in den Augen des Auslandes in Mißkredit gebracht und in unseren Soldaten Zweifel am Sinn ihres Kampfes geweckt.«

Mancher Leser wird auf diese Antworten ebenso entrüstet reagieren, wie jene *Le Monde*-Leser, die sich über gewisse Passagen des Marrou-Artikels schockiert zeigten. Man könnte uns jedoch hier entgegenhalten, daß nur Vergleichbares miteinander verglichen werden solle; und daß keinesfalls die Gewalttaten des Hitler-Regimes mit eventuell auf französischer Seite begangenen Ausschreitungen verglichen werden können. Hatten diese Ausschreitungen außerdem nicht ihren Ursprung in der Wut über die Greueltaten, derer sich die algerische »Fellagha« schuldig gemacht haben?

Dieses letzte Argument erklärt wohl, aber es kann nicht entschuldigen,

1 Der Artikel protestierte gegen französische Ausschreitungen im Algerien-Krieg.

daß an anderen als an den Verantwortlichen Vergeltung geübt wird. Wäre es anders, mit welchem Recht hätten wir dann die Verurteilung Deutscher gebilligt, die beim geringsten Anzeichen von Widerstand Geiseln hinrichten und ganze Ortschaften dem Erdboden gleichmachen ließen?

Sicherlich kann ein Hitlersches Vernichtungslager nicht mit der willkürlichen Internierung »Verdächtiger« verglichen werden. Wenn auch wir Unschuldige umkommen ließen und auch unsere Polizei gefoltert hat, so haben wir dennoch nicht Millionen Menschen im Namen einer Weltanschauung wie Vieh umgebracht. Nicht wir haben das Leiden systematisch organisiert. Aber leisteten wir nur auf Grund der Ausrottungen und des organisierten Leidens dem Nationalsozialismus Widerstand? Taten wir es nicht vor allem, weil er den Einzelnen der Willkür unterwarf, weil man unter Folterungen wahre oder unwahre Geständnisse entriß, mit einem Wort, weil er die Menschenwürde mißachtete?

Entrüsteten wir uns nicht ebenso – gerade weil wir eine bestimmte Vorstellung von der Würde des Menschen haben – über die Darstellungen der von der Fellagha begangenen Verbrechen, selbst zu dieser Zeit des allgemeinen Blutvergießens in Algerien?

Im deutsch-französischen Dialog bestand unser Anliegen nicht darin, die Schreckenstaten der einen gegen die der Anderen mathematisch aufzurechnen, sondern es ging uns darum, zwei Behauptungen mit Nachdruck vorzubringen:

Die eine besagte folgendes: »Wir sind der Meinung, daß nur diejenigen Franzosen das Recht haben, über die individuelle Verantwortung eines deutschen Staatsbürgers zu befinden, die selber nicht zur geringsten, im Namen ihres Landes begangenen Ungerechtigkeit schweigen.«

Und die andere: »Der große Unterschied zwischen dem, was im Namen Deutschlands geschah und den französischen Ungerechtigkeiten besteht darin, daß die Hitlerschen Verbrechen die Konsequenz eines das Land beherrschenden Systems waren, während es sich in Frankreich nur um Unzulänglichkeiten in der Realisierung eines Ideals handelte – eines Ideals, auf das sich die ganze Nation beruft. Und daß auch die Reaktionen auf diese Unordnung im allgemeinen so heftig waren, daß sie schließlich beseitigt wurden.«

Die Haussuchung bei Henri Marrou scheint nun den französischen Teilnehmern des deutsch-französischen Dialogs Unrecht zu geben. Ist nicht auch in Frankreich die Macht jetzt auf der Seite des Schweigens? Werden nicht auch bei uns diejenigen, die dem moralischen Standard der Nation abträgliche Taten brandmarken, angeklagt, die Nation moralisch zu zersetzen?

Der Bischof und die Geiseln*

Der Fall des Weihbischofs von München wirbelt in Deutschland und Italien immer mehr Staub auf. Der Hauptmann Matthias Defregger hat den Befehl zur Exekution, die als Vergeltung für die Erschießung deutscher Soldaten durch italienische Widerstandskämpfer angeordnet worden war, von etwa zwanzig Einwohnern des Dorfes Filetto zumindest weitergegeben. Wie soll man nun, da der Fall an die Öffentlichkeit gekommen ist, diejenigen beurteilen, die schon früher von ihm gewußt und ihn für zweitrangig erachtet haben; vom Staatsanwalt, der keine Anklage erhob, bis zum Kardinal, der den Offizier, der nach dem Krieg Priester geworden war, zu seinem Mitarbeiter machte? Und wie ist der Bischof selbst zu beurteilen im Hinblick auf das Blutbad von 1944?

Die Antwort ist nicht so leicht, wie es auf den ersten Blick scheinen könnte, insbesondere für den französischen Beobachter. In der Tat wird eine Einheitlichkeit der Beurteilungskriterien durch die fundamentalen Unterschiede fast unmöglich gemacht, die hinsichtlich der Vergangenheit zwischen der französischen Öffentlichkeit, der katholischen Kirche und der deutschen Öffentlichkeit bestehen.

Wir beurteilen einen Fall von Frankreich aus, der sich in einem Land zugetragen hat, das sich aus moralischen Gründen und aus Motiven des internationalen Ansehens dafür entschieden hat, die vergangenen Verbrechen nicht zu vergessen. In Frankreich dagegen ist das Vergessen die Regel, sogar die Regel des Gesetzes.

Am 8. Mai gedenkt man des Sieges über Hitler-Deutschland. Man gedenkt der Beendigung des Krieges und der Beendigung entsetzlicher Verbrechen. An demselben 8. Mai des Jahres 1945 fielen im Sétif Tausende von Muselmanen Massenrepressalien, die im Namen Frankreichs durchgeführt wurden, zum Opfer. Wer spricht schon davon? Als die französischen Truppen in die süddeutsche Stadt Reutlingen eindrangen, kam es zu einem Attentat und dann zu Geiselerschießungen. Der verantwortliche Offizier konnte seine Hochschulkarriere fortsetzen. Wer denkt daran, Anklage gegen ihn zu erheben?

Vom Sétif und den großen Massakern in Madagaskar darf man noch sprechen. Aber hinsichtlich aller Ereignisse, die den Krieg in Indochina und Algerien betreffen, verbietet es die Amnestie, den Tatbeweis zu erbringen. Sie stellt seine Verwendung gegen diesen oder jenen Offizier

* Nach den Reaktionen auf das Bekanntwerden der Tatsache, daß der Münchner Weihbischof in Italien an Geiselerschießungen beteiligt gewesen war.

unter Strafe. Und wieviele Vergeltungsmaßnahmen hat es gegeben, die zu standrechtlichen Erschießungen und zur Zerstörung von Dörfern führten! Von dem Amnestieerlaß vom 22. März 1962 zur Zeit der Verträge von Evian zu den »Übergriffen, die im Rahmen der gegen den algerischen Aufstand zur Aufrechterhaltung der Ordnung durchgeführten Operationen begangen wurden«, bis zum Amnestiegesetz von 1968, das vor allem den Zweck verfolgt, »endgültig und vollständig nicht nur die ausgesprochenen Urteile, sondern auch die im Zusammenhang mit den Ereignissen in Algerien begangenen Gesetzesverstöße auszulöschen«, hat man alles getan, um das Vergessen zur Pflicht zu machen und, wie dies einst der Sinn des Edikts von Nantes war, die Versöhnung der Franzosen untereinander zu fördern.

Das sind durchaus legitime und achtbare Bestrebungen. Nur darf man sie nicht einerseits für Frankreich gelten lassen und sich andererseits darüber entrüsten, daß sie sich in Deutschland zeigen trotz der offiziellen Doktrin, die fordert, daß die Vergangenheit zwar zu bewältigen, aber nicht zu vergessen sei.

Der katholischen Kirche ihrerseits war schon immer bei der Beschwörung vergangener Verbrechen nicht ganz wohl zumute, weil der Konflikt wie so oft, hier aber in ganz besonderem Maße, zwischen Gerechtigkeit und Barmherzigkeit unlösbar erscheint. Gewiß, sie hat sich in Deutschland Mouniers Formel zu eigen gemacht: »Jeder kann die Beleidigungen vergessen, die er erfahren hat: Über diejenigen Leiden, die er nicht erdulden mußte, kann er nicht entscheiden.« Aber warum nicht ein Vierteljahrhundert später einräumen, daß es nicht mehr der gleiche Mensch ist, über den man urteilt? Er ist schließlich Priester geworden.

Wenn wir die Irrtümer oder Fehler Weihbischof Defreggers einmal übergehen, ist an dieser Stelle von dem dreifachen Irrtum Kardinal Döpfners zu sprechen. Er hat es zum einen nicht gewagt, mit dem Gedanken der Konversion ganz ernst zu machen, da er versichert, die Tat von 1944 sei von dem gleichen Mann begangen worden, der damals genauso verantwortlich gehandelt habe wie er es heute noch einmal tun würde. Zum andern hat er in keiner Weise bedacht, daß das Verbrechen, der Fehler oder der Irrtum von 1944 als minimale Sühne erforderte, daß man Defregger nicht zu höheren Stufen der kirchlichen Hierarchie aufsteigen ließ. Und schließlich und vor allem scheint der Kardinal vergessen zu haben, daß er sich außerhalb der Moral stellte, auf die sich sein Land berief, als er den Priester Defregger trotz des Blutbads von Filetto zum Weihbischof weihte und so handelte, als befinde er sich in einem Land, das sich das Vergessen zur Regel gemacht hat.

Wie dem auch sei, mit Mut auf der einen und Heuchelei auf der anderen Seite hält die Bundesrepublik an dem Gedanken fest, daß eine Amnestie unmöglich ist und selbst eine Verjährung eingeschränkt werden muß. Heuchelei bei zu spitzfindigen Richtern oder Staatsanwälten wie zum Beispiel bei jenem, der entschied, daß es sich bei den Ereignissen von Filetto nicht um Mord, sondern um Totschlag handele, da er erst nach 1960 von den Tatsachen Kenntnis erhielt: das heißt, als Totschlag schon verjährt war, mußte das Verfahren gegen Defregger eingestellt werden. Mut auf Seiten der Minister und Abgeordneten, die mitten im Wahljahr die Verjährungsfrist für Mord erneut verlängerten: außer den Tausenden bereits eingeleiteten Verfahren können bis 1979 neue Verfahren gegen heute noch unbekannte Mörder der Nazizeit eingeleitet werden. Wer 1944 dreißig Jahre alt war, wird dann fünfundsechzig sein.

All dies sagt noch nichts über den moralischen Hintergrund der Angelegenheit: Welches ist das Ausmaß der Schuld, die darin besteht, die Weitergabe eines unmenschlichen Befehls nicht zu verweigern? Man kann zwei Schlußfolgerungen ziehen. Einerseits wurde der Fall Defregger, ähnlich dem Fall so vieler Deutscher, dadurch schwerer, daß der Kardinal seinen Bischof mit eben den Argumenten verteidigte, deren sich gewöhnlich alle diejenigen Kräfte bedienen, die in Deutschland über die Vergangenheit den Mantel des Vergessens hüllen und mit allen Anklageerhebungen und Prozessen Schluß machen wollen. Andererseits wäre es gut, wenn man sich in Frankreich bei dieser Gelegenheit des doppelten Wertmaßstabes bewußt würde, der ständig angewandt wird. Ein erstes Mal wurde man sich dessen bewußt, als man 1952 entdeckte, daß zu der Einheit, die die Bevölkerung von Oradour ausrottete, elsässische Rekruten gehört hatten. Es ist gut, daß man Deutschland gegenüber streng ist. Nicht weniger gut wäre es freilich, wenn man sich Rechenschaft darüber ablegte, daß man die französische Vergangenheit mit viel weniger strengen Blicken betrachtet.

Nürnberg in unserer Zeit

Der Nürnberger Prozeß war dazu da, um zu strafen.[1] Er hat darüber hinaus aber ganz einfach auch das Grauen und das Ausmaß der begangenen Verbrechen sichtbar gemacht.

Seine wesentlichen Schwächen traten von Anfang an deutlich zutage. Die Richter waren die Sieger, was ihre moralische Autorität beträchtlich verringerte, und das Gericht hat sich kaum gefragt, ob nicht auch im Namen der Siegermächte Verbrechen begangen worden waren.

Sollte man deswegen Nürnberg ablehnen oder vergessen? Ganz im Gegenteil. Man sollte nicht die – wenn auch unvollkommene – internationale Gerichtsbarkeit bei einer Gelegenheit bedauern, sondern das Fehlen einer solchen Justiz in früheren und vor allem späteren Fällen. Vergessen hieße die Deutschen von heute daran hindern, das anderen Völkern im Sieg zugefügte Schicksal und das eigene in der Niederlage Erlittene zu begreifen; es hieße vor allem den Nachweis der ideologischen und institutionellen Mechanismen, die zu Massakern führen, geringschätzen, der durch den Nürnberger Prozeß erbracht wurde.

Vorausgesetzt, daß die Weigerung zu vergessen für alle gilt. In Frankreich zum Beispiel reagiert man immer dann empfindlich, wenn man den Eindruck hat, die Barbarei, deren Opfer Franzosen waren, sei nicht genügend bestraft, nicht genügend bekannt gemacht worden. Aber wie schnell sind wir mit dem Gedanken einer Amnestie einverstanden, damit jede Erinnerung an die in Indochina und Algerien begangenen Verbrechen verhindert wird! Welches Aufsehen, wenn in einem deutschen Geschichtsbuch Nürnberg umgangen wird! Aber was steht denn in unseren Geschichtsbüchern über die koloniale Eroberung vor hundert Jahren, von der Periode 1954–1962 ganz zu schweigen?[2]

Vorausgesetzt auch, daß die 1946 zu Gericht sitzenden Länder es ohne Pharisäertum hinnehmen, selbst vor Gericht gestellt zu werden. Doch tut man etwa alles, um die Erinnerung an vergangene Verbrechen auszulöschen: der Chruschtschow-Bericht bildete eine erfreuliche Ausnahme. Bisher ist nur einmal eine Aufsehen erregende Anklage unmittelbar auf

1 Siehe in »Le Monde« vom 1. Oktober den Artikel von Michel Tournier: »Vor 25 Jahren verurteilte das Nürnberger Gericht die hauptverantwortlichen Nazis«. Die wohl beste Einführung in die Problematik des Nürnberger Prozesses ist das Buch von Léon Poliakov, Le procès de Nurnberg, Paris, Julliard (Archives).

2 Siehe hierzu das Kapitel »Verbrechen und Erinnerung« in A. Grosser, *In wessen Namen?* München 1973.

die Taten gefolgt, und zwar in den Vereinigten Staaten, wegen des Massakers von Song-My in Vietnam. In Frankreich wurden eher jene, die andere Song-My's anprangerten, wegen der Zersetzung der Kampfbereitschaft von Armee und Nation bestraft.

Schockiert dieser Vergleich? Sollte es nicht gerechtfertigt sein, solche Taten der Siegermächte mit Nürnberg in Verbindung zu bringen? Wenn man dieser Meinung ist, weil kein früheres oder späteres Verbrechen in Art und Ausmaß Auschwitz gleichkommt, wird man dem sicher zustimmen. Aber die »Verbrechen gegen die Menschheit« waren nur eine der Anklagepunkte, nur einer der Gründe für die Verurteilung zum Tode.

Man hat auch den militärischen Angriff verurteilt. Es war schon 1946 ein schlimmer Spaß, den sowjetischen Anteil an der Invasion zu verschweigen, die Polen 1939 auslöschte. Seither war man Zeuge einer zweiten Invasion der Tschechoslowakei: nach Nürnberger Kriterien war die von der UdSSR Präsident Swoboda geleistete »brüderliche Hilfe« sehr wohl eine Aggression.

Auch Repressalien gegen die Zivilbevölkerung nach Attentaten auf Besatzungssoldaten hat man verurteilt. Aber in Frankreich denkt man nicht immer sehr weit. Das Publikum des Films »Le chagrin et la pitié« lacht höhnisch – entsprechend der Absichten der Autoren –, wenn ein ehemaliger deutscher Offizier jede »Schutzmaßnahme« – das heißt willkürliche Repressalien – für normal erklärt, wenn einer seiner Soldaten von einem »Terroristen« getötet worden ist. Und wenn die Autoren in diesem Augenblick an den Algerienkrieg erinnert hätten?

Man hat auch in Nürnberg wegen Folterungen und Erschießungen, die heimlich und ohne vorheriges Gerichtsverfahren durchgeführt wurden, verurteilt. Im März 1957 aber hatte der Generalsekretär der Polizei in Algier bereits 4000 »Vermißte« gezählt.

Nach Besuchen in Internierungslagern schrieb er dem Résident Général: »Bei bestimmten Vorgeladenen habe ich dieselben tiefen Spuren von Mißhandlungen oder Folterungen erkannt, die ich vor vierzehn Jahren, in den Kellern der Gestapo in Nancy am eigenen Leibe erlitten habe.«[1]

Paul Teitgen war nicht der einzige Widerstandskämpfer, der diese Verbindung herstellte. Aber bisher war Telford Taylor der einzige Ankläger von Nürnberg, der die Problematik der ungestraften Verbrechen unserer Zeit in ihrer ganzen Tragweite aufgeworfen hat, als er schrieb: »Wie immer auch das endgültige Urteil der Geschichte über die Vernünftigkeit oder Unvernünftigkeit der Kriegsverbrecherprozesse ausfallen mag, eines ist unbestreitbar: die Regierung der Vereinigten Staaten ist

1 Text des Briefes in: Yves Courrière, *La guerre d'Algérie*, Bd. II, S. 515.

juristisch, politisch und moralisch durch die Prinzipien gebunden, die in der Charta und den Urteilssprüchen der Gerichte formuliert waren.«[1]

Dabei unterstreicht Taylor noch nicht einmal die doppelte Besonderheit Nürnbergs, was die Abstufung der Verantwortlichkeiten anbetrifft. Einerseits sagt der Art. 8 des Gerichtsstatuts: »Die Tatsache, daß der Angeklagte gemäß den Anordnungen seiner Regierung oder eines Vorgesetzten gehandelt hat, entbindet ihn nicht von der Verantwortung.« Die Pflicht zum Ungehorsam wurde eingeführt. Aber in Frankreich besagte eine bis 1966 geltende Militärvorschrift: »Befehle müssen wörtlich, ohne Zögern und Murren ausgeführt werden. Die Obrigkeit, die den Befehl erläßt, trägt die Verantwortung dafür und die Beschwerde ist dem Untergebenen erst gestattet, nachdem er gehorcht hat.«

Andererseits wurden 1946 zweifellos zum ersten Mal die eigentlichen Verantwortlichen bestraft. Seither ist man wieder zur traditionellen Praxis zurückgekehrt, nach der nur die Untergebenen getroffen werden. Der Freispruch für Hauptmann Medina vom 22. September 1970 in den Vereinigten Staaten ist dafür sehr bezeichnend. Nur Leutnant Calley darf schuldig sein, denn bei wem würde sonst die Suche nach der Verantwortung halt machen?

Immerhin entrüsten sich wenigstens einige Amerikaner über diesen Freispruch. Wer hat in Frankreich wirklich Rechenschaft von den Generalen und Ministern verlangt, die von den Methoden ihrer Untergebenen zumindest gewußt haben mußten? Und mit welcher Selbstverständlichkeit hat man akzeptiert, daß man über die verbrecherischen Befehle des Generals Salan (in der Zeit des Aufstands eines Teils der Armee gegen das Mutterland)[2] hinwegging, während Leutnant Degueldre hingerichtet wurde.

Schließlich hat der Nürnberger Prozeß auch gezeigt, in welchem Maße die Gleichgültigkeit des Auslands Hitlers Verbrechen erleichterte. Aber daraus hat man kaum eine Lehre gezogen. Zum Beispiel ist in Frankreich jene große Partei, die sich auf die Solidarität der Völker beruft, der Meinung, daß sie die Unterwerfung des tschechischen Volkes nichts angeht und daß es sich um eine innere Angelegenheit der K.P.Č. oder des Ostblocks handele. Und angesichts der entsetzlichen Massaker in Bengalen – für ihn im übrigen »gewisse Ereignisse« – erklärt der französische Staatspräsident, daß »Frankreich sich prinzipiell nicht in die internen

1 T. Taylor, *Nuremberg and Vietnam:* an American tragedy; Chicago 1970, S. 94.

2 Siehe diese Instruktionen in dem ergreifenden Kapitel »Die Apokalypse« im Band IV von Yves Courrière, *Les Feux du désespoir,* Paris 1971.

Auseinandersetzungen eines Landes einmische«. Auch die Ausrottung der Juden ist von den Mächten, die gegen Hitler-Deutschland Krieg führten, als eine Art von inneren Angelegenheiten behandelt worden ...

Nein, Nürnberg darf nicht vergessen werden. Aber wer erinnert sich wirklich noch?

Von Beate Klarsfeld zu Solschenizyn*

Auf deutscher Seite sind die Dinge klar. Der Richter hatte unbestreitbar eine Möglichkeit, sich dem Dilemma zu entziehen, vor das Beate Klarsfeld ihn stellte. Der Freispruch wäre einer Weigerung gleichgekommen, das bestehende Gesetz anzuwenden, das Entführung unter Strafe stellt. Das harte Urteil aber bedeutet den politischen und moralischen Sieg der Verurteilten. Es hätte genügt, Beate Klarsfeld eine geringfügige Strafe aufzuerlegen, wodurch der Richter gezeigt hätte, daß er die Motive der Angeklagten verstehe. Hingegen hat er wirklich alles getan, um zu beweisen, daß man zu Recht eine abfällige Meinung über so viele deutsche Gerichte unter den verschiedenen politischen Regimen auch in der Bundesrepublik haben konnte, sobald es um die Vergangenheit geht, wobei skandalöse Urteile nicht zuletzt vom Bundesgerichtshof gefällt worden sind. Skandalös sind auch die Blockierung der deutsch-französischen Konvention durch den Bundestag und die Erklärung seines Berichterstatters Ernst Achenbach im französischen Fernsehen.

Auf französischer Seite sind die Dinge nun nicht klar. Einerseits ist hier die Unterstützung für Beate Klarsfeld sehr unterschiedlich motiviert und Vertreter sehr verschiedener politischer Überzeugungen leisten ihr Beistand. Die einen haben sich seit 1945 um den Aufbau eines neuen Deutschland bemüht und sich um seine trotz gewisser Schwächen doch insgesamt positive Entwicklung verdient gemacht. Die anderen hatten zunächst alle Deutschen auf immer verdammen wollen und ergreifen jetzt gern jede Gelegenheit, die Bundesrepublik mit dem »ewigen Deutschland« ihrer Ressentiments zu identifizieren.

Andererseits ist die Entrüstung darüber, daß die Schuldigen ein ruhiges Leben führen, zu billig, wenn man Franzose ist und die Schuldigen Deutsche sind. Wir, wir gehen gleich zur Amnestie, zum erzwungenen Vergessen. Und was wäre, wenn eine algerische Beate Klarsfeld von uns Rechenschaft über bestimmte Politiker, ehemalige Minister und militärische Verantwortliche fordern würde?

Mit welcher Selbstverständlichkeit erinnern wir nur immer wieder an französische Opfer und nicht an die anderer Länder! Das kommunistische Sonntagsblatt »Humanité Dimanche« beklagt in seiner Besprechung des »Archipel Gulag«, daß Solschenizyn seinen Blick nur auf die Vergangen-

* Nach der Verurteilung von Beate Klarsfeld wegen versuchter Entführung des ehemaligen Gestapo-Chefs Lischka nach Frankreich.

heit richte und sich nicht mit der Zukunft begnüge. Genau das hat Herr Achenbach im französischen Fernsehen gesagt!

In Deutschland hat sich wenigstens die Struktur des politischen Systems verändert, das die Schreckenstaten möglich gemacht hat. Von der UdSSR kann man das nicht behaupten, und auch in Frankreich scheint sich niemand die Frage zu stellen, was die ehemaligen Verantwortlichen, die bis heute auf den verschiedenen Ebenen der Macht anzutreffen sind, zu Zeiten der Massendeportationen und -folterungen getan haben. »Niemand kann sich dem Vergleich entziehen«, schreibt Solschenizyn über den Gulag und die deutschen Konzentrationslager. Aber einige Zeilen weiter fragt er: »Warum ist es Deutschland vergönnt, seine Übeltäter zu bestrafen und nicht Rußland?« Hier tritt auf erschütternde Weise das Versagen der deutschen Richter zutage. Wollen sie wirklich Solschenizyns Frage gegenstandslos machen?

Deutsch-französisches Unverstehen

Man fühlt sich solidarisch. Man stellt Unstimmigkeiten fest. Vertrauen und Mißtrauen sind zugleich vorhanden, aber in wechselndem Ausmaß. Streit und Eintracht lösen einander ab. Das Einvernehmen ist nie ganz vollkommen und nie ganz gestört.

So steht es seit einem Vierteljahrhundert um die Beziehungen zwischen Frankreich und der Bundesrepublik Deutschland – zumindest scheint es so. Tatsächlich sind auf einer anderen Ebene, nämlich der der öffentlichen Meinung, Rhythmus und Ausmaß der Konvergenzen und Divergenzen nicht identisch.

Im Augenblick geht die Entwicklung so sehr auseinander, daß sich die Gefahr einer wirklichen Mauer des Unverständnisses zwischen beiden Ländern abzeichnet.

Es handelt sich nicht um die Einstellung zum Nachbarn, denn eigentlich ist diese nur die Folge innerer Entwicklungen, die zur Zeit im entgegengesetzten Sinn verlaufen. Der Rechtsrutsch der deutschen und der Linksrutsch der französischen Wähler ist dafür an sich auch noch kein sicheres Anzeichen: möglicherweise drückt sich die Unzufriedenheit angesichts der wirtschaftlichen Lage in Opposition gegen die jeweiligen Regierungen aus. Aber die Beobachtung beider ideologischer Lager zeigt, daß man auf beiden Seiten immer mehr das, was dem anderen wesentlich erscheint, unberücksichtigt läßt.

Anhand zweier Dokumente – Hirtenbriefe deutscher katholischer Bischöfe – wird diese Situation verständlicher. Der erste Hirtenbrief, verfaßt vom bayerischen Episkopat, ist am Tag der bayerischen Landtagswahlen von den Kanzeln verlesen worden.

Diese Botschaft ist nicht nur eine grobe Einmischung, denn sie fordert die Gläubigen ausdrücklich auf, weder für die Sozialdemokraten noch für die Liberalen zu stimmen; sie ist darüber hinaus eine doppelte Stellungnahme, die der der französischen Bischöfe völlig entgegengesetzt ist. Einerseits wird das Problem der Abtreibung für die politische Entscheidung des Wählers zum Prüfstein, andererseits wird jeder Gedanke, der von einer Konzeption des Klassenkampfes ausgeht, jede Utopie, die allzusehr egalitaristisch ist und jede Bildungspolitik, die den künftigen Generationen »das was die Väter aufgebaut haben« nicht bewahrt, ausdrücklich verworfen.

»Die Ausbeutung der Gastarbeiter und die Ausplünderung der Dritten Welt, ein Schulsystem, das die Interessen der schon privilegierten Klassen begünstigt«, u.a.m. Diese Aufzählung der »grundlegendsten und dringendsten Nöte des Menschen«, die die Vollversammlung der französischen Bischöfe 1972 in Lourdes verabschiedete, würde von den deutschen Bischöfen gewiß als der Juso-Sprache ähnlich gebrandmarkt, wenn sie in der Bundesrepublik verlautbart würde.

Den anderen Hirtenbrief richteten vor einem Monat die Bischöfe des anderen deutschen Staats an ihre Gläubigen. Es handelt sich um einen maßvollen, aber deutlichen Protest gegen die Indoktrinierung der Jugend in der DDR, der sich auf die Menschenrechtserklärung der Vereinten Nationen stützt (Religionsfreiheit, Recht auf eine die Persönlichkeit des Menschen respektierende Erziehung); denn in der DDR wird die Gläubigkeit der Jugend dargestellt als sei sie dem Alkohol und dem Rauschgift vergleichbar. Die einzige Grundlage der Ausbildung und Erziehung ist der dialektische Materialismus, der in den Rang einer für alle verbindlichen Wahrheit erhoben wird.

In der Aufzählung der französischen Bischöfe werden keine derartigen Anliegen erwähnt; sie äußern ihre Gedanken in einem Land, in dem alle Bürger, wenn auch mitunter unvollkommen, die Freiheiten besitzen, die nur von jenen, die nie darauf verzichten mußten, als »formale« bezeichnet werden.

Das Monolithische in Osteuropa und die Bedrohung, die es für den Westen darzustellen scheint, macht zahlreiche Deutsche für die Widersprüche und Ungerechtigkeiten der westlichen Gesellschaft blind. Die Isolierung der Außenseiter kann bis zur Grausamkeit und Hysterie gehen. Selbst der autoritärste französische Minister hätte einige Worte des Respekts für einen Rebellen gefunden, ja sogar für einen gewalttätigen Rebellen, der im Verlauf eines Hungerstreiks gestorben wäre, während eine deutsche sozialistische Regierung mit Abscheu Selbstmord und Mord gleichsetzt. Eine gewisse Art, Tag für Tag eine kleine Gruppe von Gewalttätern als Hauptgefahr für die freiheitliche Gesellschaft darzustellen, kann den französischen Beobachter nur schockieren, auch wenn er für Ruhe und Ordnung ist.

Aber auf welches Unverständnis stoßen in Frankreich die drei deutschen Parteien, die 99 % der Stimmen auf sich vereinen, wenn sie aus der Vergangenheit, aus dem tragischen Schicksal der ersten Republik die Lehre ziehen wollen! Die Verteidigung der gesetzlichen Ordnung, der Schutz der Verwaltung gegen das Eindringen von Feinden der pluralistischen Demokratie, die Zurückweisung jeder Gewalt sind nicht nur einfache Sorgen der »Rechten«.

Wenn Jean-Paul Sartre Andreas Baader, der immerhin einer beeindruckenden Anzahl von Attentaten und Raubüberfällen angeklagt ist, seine Solidarität zum Ausdruck bringt, schockiert er nicht nur zunächst jene Deutsche, die nur eine gewisse gesellschaftliche Ordnung schützen wollen, sondern auch jene, die gegen die Unterdrückung gekämpft haben und zu Recht glauben, eine Demokratie bewahren zu müssen, die Achtung vor bestimmten elementaren Regeln abverlangt und Gesetzesübertreter mit Sanktionen belegt?

In Frankreich übt man größere Nachsicht gegenüber Gewalt, was aus zurück- oder näherliegenden Gründen zu erklären ist. Die Legalität wird leicht als Formalismus ausgelegt, weitgehend deshalb, weil das Gesetz in immer stärkerem Maße als einfaches Ergebnis von Machtverhältnissen dargestellt wird, wogegen die Deutschen aus Sicht der Nazi-Vergangenheit diese Legalität gewiß noch als Schutz des Schwachen gegenüber dem Starken, der Minderheit gegenüber der Mehrheit und des Friedlichen gegenüber des Gewalttätigen betrachten.

Wenn Helmut Schmidt und Valéry Giscard d'Estaing über das Verhältnis Europas zu den Vereinigten Staaten oder über ihr Verhalten gegenüber der UdSSR diskutieren, sind auch sie in ihren Folgerungen nicht frei; denn die gegensätzlichen Entwicklungen der jeweiligen öffentlichen Meinung – der sie im übrigen auch angehören – beeinflussen die Beziehungen zwischen den Regierungen. Das gilt auch für Willy Brandt und François Mitterrand, wenn sie sich über die Politik der europäischen Sozialisten unterhalten.

Wenn doch jeder die Beweggründe und die positiven Aspekte in der Zielrichtung des Nachbarlandes verstehen wollte! Diese Bemühung allein würde ihm seine eigene Einstellung, ihre Grenzen und Voreingenommenheiten deutlich machen. Man käme damit nicht nur zu einer gemeinsamen Auffassung der Weltpolitik, sondern vor allem auch zu einer einheitlichen Definition der Gesellschaftsordnung, die es in jenem gemeinschaftlichen Europa geben soll, das alle behaupten anzustreben.

Zum deutschen Selbstbildnis

Aspekte der Affäre

Die *Spiegel*-Affäre liegt nun schon fast vier Jahre zurück. Vor über einem Jahr hat der Bundesgerichtshof abgelehnt, das Hauptverfahren gegen Conrad Ahlers und Rudolf Augstein zu eröffnen. Der Abstand ist wohl groß genug, um die Ereignisse des Herbstes 1962 nüchtern betrachten zu können. Zugleich bleiben die Hauptteilnehmer im Mittelpunkt des öffentlichen Lebens in der Bundesrepublik; auch sind die Grundsatzfragen, die damals aufgeworfen wurden, keineswegs überholt, so daß eine solche Betrachtung nicht zur Geschichte, sondern zu einer wirklichen Gegenwartskunde gehört. So liest sich die Dokumentation von Jürgen Seifert gleichzeitig wie ein Kriminalroman (allerdings einer ohne Blutvergießen), wie eine Darstellung einer bestimmten politischen Krise und wie eine Analyse des politischen Systems der Bundesrepublik Deutschland. Darüber hinaus tauchen einige Fragen auf, die in dieser Rekonstruktion nur gestreift werden, die mir aber gleichwohl wichtig erscheinen. Ich will sie hier ergänzend andeuten.

Der Verrat, die ideologische Einheit und die Angst

Das Strafverfahren ist wegen Verdachts auf Landesverrat eingeleitet worden. Das Wort »Verrat« scheint in Deutschland seine ganze vernichtende Kraft behalten zu haben. Ein Verräter ist ein Bösewicht, ein übler Verbrecher. So selbstverständlich sollte diese Einstellung eigentlich nicht sein. Die Abscheulichkeit des Verrats war in der Vergangenheit durch die Heiligkeit des Vaterlandes bedingt. Sollte da nicht das Verbrechen als geringer betrachtet werden, wenn die Bürger das Vaterland nicht mehr über alles stellen? Dazu kommt, daß die Diskussion über den Widerstand gegen Hitler noch nicht ganz ausgetragen ist. Waren die Männer vom 20. Juli Verräter? Nein, sagt das politische Deutschland von heute. Ja, denken noch viele Deutsche. Müßte man da nicht viel mehr nach dem Sinn des Begriffs »Verrat« fragen? In der *Spiegel*-Affäre ging es fast ausschließlich um das »Ob«: ob schuldig oder unschuldig. Nicht aber um die Frage: »Was ist Verrat?« Diskutiert wurde höchstens noch das Verhältnis zwischen Information und Staatsgeheimnis.

Der Vergleich mit Frankreich zeigt, daß es auch anders sein kann. Hier erweckt der Verratsgedanke seit einem Vierteljahrhundert großes Unbehagen. Seit 1940 reißt die Diskussion darüber nicht ab, hat die Tragödie noch kein Ende gefunden. Zur Tragödie wird ein Konflikt, wenn es um Grundsätzliches geht und die sich bekämpfenden Lager beide recht haben, weil ihre Einstellung nach ihrem Wertsystem gut ist – nur sind die Wertsysteme nicht dieselben. Ist die Tragödie politischer Natur, so heißt das, daß jeder an eine andere Legitimität glaubt, daß der eine die von dem anderen ausgeübte Staatsmacht nicht nur kontrollieren will, sondern diese Macht als nicht oder nicht mehr gerechtfertigt ansieht. De Gaulle gegen Pétain, die Kommunisten auf der einen, de Gaulle auf der anderen Seite gegen die soeben geborene IV. Republik 1947, die Gehorsamsverweigerer im algerischen Krieg wegen der Tortur, die »Putschisten« der *Algérie française* gegen die IV., dann gegen die V. Republik: waren sie Verräter, sie, die gleichzeitig die Inhaber der Macht des Verrats (an der Ehre Frankreichs, am französischen Volke, an der Seele Frankreichs, an Millionen von Franzosen) beschuldigten? Frankreich ist lange Jahre hindurch ein geistig gespaltenes Land gewesen und auch heute noch: die Kommunisten bilden weiterhin keine »normale« Partei. Sollte es wieder zu einer Ost-West-Spannung kommen, würde die KP ihre Loyalität gegenüber der Sowjetunion bekunden. Ist das Verrat? In einer politischen Gemeinschaft kann es nicht ein Fünftel Verräter geben: es handelt sich um eine zerrissene Gemeinschaft.

In der Bundesrepublik ist die Lage anders. Man spricht oft von der »Entideologisierung« der Parteien. des politischen Lebens schlechthin. In Wirklichkeit gibt es wohl kaum ein Land, dessen öffentliches Leben stärker unter dem Zeichen einer Ideologie steht. Allerdings handelt es sich um eine Ideologie, die nahezu von allen als gut anerkannt wird. Die Folge ist, daß die politischen Konflikte innerhalb dieser Ideologie ausgetragen werden. »Entideologisierung« bedeutet nur, daß die gemeinsame Ideologie kaum mehr in Frage gestellt wird, wenigstens von keiner der Parteien, die zusammen mehr als neun Zehntel der Wähler vertreten: der vereinzelte Andersdenkende wird dann naturgemäß zum Verräter.

Die *Spiegel*-Affäre hat mit einem Legitimitäts-Konflikt nichts zu tun. Wäre es zum Prozeß gekommen, so hätte Rudolf Augstein nicht vor dem Gericht gestanden wie z.B. General Salan vor seinen Richtern. Die letzten Sätze des Beschlusses des Bundesgerichtshofs weisen auf etwas Wesentliches hin: »... Weder Ahlers noch Augstein behaupten, die von ihnen veröffentlichten Tatsachen hätten den für die Bundesrepublik verbindlichen NATO-Beschlüssen widersprochen oder seien gar verfassungswidrig gewesen. Auch machen sie selbst nicht geltend, ihr Anliegen, durch eine gesamtstrategische Bilanz in die öffentliche Erörterung einer künftigen NATO-Konzeption einzugreifen, würde an sich die Preisgabe von Staatsgeheimnissen gerechtfertigt haben.« Auf den Begriff des Staatsgeheimnisses wird noch eingegangen werden. Hier soll nur festgestellt werden, daß die Verteidigung des *Spiegels* zeigt, wie stabilisiert die politische Gesellschaft in der Bundesrepublik ist: auch die kritischste Zeitung beruft sich auf die gleiche Legitimität wie die kritisierten Männer oder Gruppen. Ein Vergleich mit der Weimarer Zeit macht deutlich, daß dies keine Selbstverständlichkeit ist.

Die Gegner des *Spiegels* haben allerdings versucht, die Zeitung mit dem Kainszeichen des Verrats zu brandmarken. Die Methoden waren verschieden. Adenauers Deutung war nicht sehr wirkungsvoll: bei diesem »Abgrund von Landesverrat« sei es um nichts als Geld gegangen. Nicht einmal um das Bestechungsgeld, das in den Spionage-Geschichten den Verrätern von ihren fremden Auftraggebern als Lohn geschenkt wird, sondern lediglich um die kaufmännische Lust an der Auflagezahl und am Umfang der Inserate. Landesverrat aus Geldsucht: das war allzu unglaubwürdig, um den *Spiegel* als Verbrecher hinzustellen. Viel interessanter war die erste Anklage, nämlich der Artikel des Professors Freiherr von der Heydte in der *Deutschen Tagespost*. Interessant, weil er für die geistig-politische Lage der Bundesrepublik viel aufschlußreicher ist. Der »bewußte Landesverrat«, von dem die Rede ist, besteht darin, dem Feinde zu helfen. Wer ist nun dieser Feind? Der Kommunismus – und das heißt Ulbricht und Moskau, aber auch alles, was die innere Sicherheit der Bundesrepublik bedroht. Der Verrat bleibt in der Bundesrepublik ein lebendiger Begriff, weil das, was das nationale Vaterland an Anziehungskraft verloren hat, durch eine Anhänglichkeit an die ideologische Heimat ersetzt worden ist. Man fühlt sich bedroht – inwiefern zu Recht, inwiefern zu Unrecht ist hier nebensächlich. Man fühlt sich auch schwach, in die Verteidigung gedrängt. Aus der Verbindung beider Gefühle entsteht die Angst. Und die Angst zeitigt beinahe notwendigerweise die Suche nach Verrätern, die durch den Eindruck, in einer Art Kriegszustand, in einer belagerten Festung zu leben, ohnehin begünstigt wird.

Die Bundesrepublik kennt keinen McCarthysmus, noch weniger die dauernde Säuberungswut der kommunistischen Länder. Aber der Hang besteht, aus Angst vor dem sichtbaren äußeren und vor dem ihm verbundenen unbestimmten inneren Feind sich einer Art Denunziantentum hinzugeben, welcher dahinführt, die Kontrolle der Staatsmacht auf das Nebensächliche zu beschränken. Wer an gemeinsame Überzeugungen rührt, ist ein Verräter – ein »Bewußter« oder ein »Unbewußter«. Das heißt, er ist jemand, der dem Feind »objektiv« hilft, um die Sprache der

Kommunisten zu gebrauchen, deren Terminologie und Methode in diesem Punkt in der Bundesrepublik aufgegriffen worden ist: man denke nur an bestimmte Reaktionen auf die Denkschrift der evangelischen Kirche oder an die Kommentare zu Stellungnahmen der IG Metall [1]. Der Feind ist der Kommunismus. Das kann man im Hinblick auf die Lage der Berliner und der 17 Millionen Ulbricht-Untertanen nur allzu gut verstehen. Aber was ist ein Kommunist? In Frankreich ist es jemand, der sich zum Kommunismus bekennt (oft ohne daran zu glauben). In der Bundesrepublik ist es allzu oft jemand, von dem man sagt, er sei einer, nur weil er Teil-Aspekte der herrschenden Ideologie in Frage stellt.

Der Staat und seine Geheimnisse

Wäre der *Spiegel* schuldig gesprochen worden, so hätte die Schuld darin bestanden, »vorsätzlich Staatsgeheimnisse veröffentlicht zu haben«. Was ist nun ein Staatsgeheimnis? Und inwiefern muß oder darf ein Staat Geheimnisse haben? Beide Fragen sind schwer zu beantworten.

Bei »Staatsgeheimnis« denkt man natürlich gleich an »Militärgeheimnis«, weil ja in allen Ländern seit jeher der politischen Macht zugestanden wird, die Verteidigung der Nation als geschwächt anzusehen, wenn das Ausland (darunter der potentielle Feind) die militärischen Stärken und Schwächen zur Kenntnis nehmen könnte. Was ist nun aber aus militärischen Gründen geheimzuhalten? In der Sowjetunion würde man sagen: »Alles, inbegriffen die Eisenbahnfahrpläne, da ja im modernen Kriege die gesamte Wirtschaft zur Verteidigung gehört.« In den Vereinigten Staaten gibt es eine wahre Geheimnissucht sowjetischer Art – zugleich besteht die Hauptaufgabe eines russischen Spions in Amerika einfach darin, aufmerksam die amerikanischen Zeitungen und Zeitschriften zu lesen, da er dort so ungefähr jede strategische und technische Information finden kann. Das Problem ist leicht zu definieren und schwer zu lösen: wenn nichts geheim ist, wird das Land wirklich geschwächt, wenn alles geheim ist, gibt es keine Kontrolle der militärischen Staatsmacht mehr (wobei es gleichgültig bleibt, ob diese Macht vom Staats-, vom Regierungsoberhaupt, vom Verteidigungsminister oder von den Generälen ausgeübt wird).

1 Ein Beispiel unter vielen ». . . der Marburger Professor Abendroth, der durch Rundfunkvorträge, Zeitungsaufsätze und Bücher . . . dafür sorgte, daß Zweifel an der Nützlichkeit einer freiheitlichen Ordnung wachgerufen werden«. Ernst Günter Vetter, »Marxisten unter uns« [Leitartikel] in: *Frankfurter Allgemeine Zeitung*, 16. 12. 1965, Nr. 292, S. 1.

Wer bestimmt nun, was geheim zu halten ist? Hier ist in der Bundesrepublik wahrscheinlich nicht genügend hervorgehoben worden, daß der Bundesgerichtshof mit seiner Entscheidung neues Feld für die Demokratie geschaffen hat. Im allgemeinen ist die Lage in den demokratischen Staaten sehr unbefriedigend: die Regierung ist zugleich Partei und Richter. Soll eine Sache geheim gehalten werden, so darf auch keine außenstehende Instanz davon Kenntnis nehmen, um zu entscheiden, ob überhaupt Geheimhaltungszwang vorliegt. In Frankreich zum Beispiel liegt die Entscheidung allein beim Verteidigungsminister. (Allerdings hat sich das unter der Vierten Republik zugunsten der beschuldigten Journalisten ausgewirkt: der Minister sagte, es sei kein Geheimnis preisgegeben worden, während der militärische Untersuchungsrichter das Gegenteil behauptet hatte. Allein durch die Tatsache, daß militärische Angelegenheiten zivilen Richtern vorgelegt werden, ist die Bundesrepublik ein weniger »militaristischer« Staat als manche ihrer Nachbarn.) Der BGH hat in seiner Entscheidung den Gutachtern des Verteidigungsministeriums das Recht versagt, unwidersprochen bestimmen zu können, was Geheimnis ist und was nicht.

Es ist nicht uninteressant, sich die Frage zu stellen, wem gegenüber und wann militärische Geheimnisse bewahrt werden sollen. Denn es besteht theoretisch immer die Möglichkeit, dem Parlament ein Kontrollrecht einzuräumen, das nicht notwendigerweise auf die gesamte Öffentlichkeit ausgedehnt werden braucht. Das führte zum Beispiel in der französischen Kammer oder im englischen Unterhaus während der Weltkriege zu den Sitzungen hinter geschlossenen Türen. Eine Schwierigkeit taucht auf, wenn ein Teil des Parlaments als nicht »sicher« gelten muß. Zur Zeit der Vierten Republik wurde das Problem folgendermachen gelöst: da die Ausschüsse nach dem Proporz besetzt waren – also die Kommunisten auch im Verteidigungsausschuß saßen –, bildete man »ad hoc« Unterausschüsse, für die das Proporzsystem nicht vorgeschrieben war. Eine weitere Schwierigkeit beruht auf der einfachen Tatsache, daß trotz Schweigepflicht die wachsende Zahl der Eingeweihten das Risiko des Weitersagens sehr erhöht. Es wird immer Affären Jahn/Merten geben, welche der Regierung Gelegenheit bieten, sich der parlamentarischen Kontrollinstanz gegenüber in Schweigen zu hüllen.

Merkwürdigerweise ist in der *Spiegel*-Affäre eine interessante Nebenfrage kaum gestreift worden: was darf oder soll einem Verbündeten gegenüber geheim gehalten werden? In der *Affaire des fuites*, die Frankreich 1954 bis 1956 aufgeregt hat, kam der Begriff des *secret cosmique*, des »kosmischen Geheimnisses« an den Tag. Ein »kosmischer« Beamter war einer, der in die NATO-Geheimnisse einsehen durfte, was ihn keineswegs dazu berechtigte, alle Geheimnisse der nationalen Verteidigung zu kennen! Innerhalb der NATO haben sich andererseits die englischen und die französischen Offiziere lange über den Stempel A.E.O. aufgeregt, der ihnen die wichtigsten Papiere entzog. A.E.O. hieß *American eyes only*. Das »integrierte« Bündnissystem führt für diejenigen, die wie die Deutschen an die Notwendigkeit der engen Integration unter Führung der stärkeren Macht glauben, zu einer nicht ganz befriedigenden Situation. Einerseits hat man der großen verbündeten Regierung gegenüber keine Geheimnisse mehr; andererseits wird man, um das Vertrauen des Verbündeten nicht zu schwächen, im eigenen Lande soviel wie möglich geheimhalten wollen, auch dem Parlament gegenüber.

Beim militärischen Geheimhalten geht es um die Sicherheit. Während eines Krieges darf nur weniges öffentlich diskutiert werden. Das wird in allen Ländern als normal betrachtet, und ist durchaus realistisch gesehen. Als am 30. Juli 1953 eine französische Wochenzeitung berichtete, was vier Tage vorher im Verteidigungsrat über die Unmöglichkeit, Laos gegen einen eventuellen Angriff Ho chi Minhs zu beschützen, gesagt worden war, bedrohte diese Information tatsächlich die Sicherheit der französischen Truppen in Indochina.[1] Aber bereits hier taucht die Frage auf: wenn nun in den Augen eines Journalisten, einer Partei oder eines Teils des Parlaments dieser Krieg ein schlechtgeführter ist und die Regierung auf eine diskrete Kritik nicht hören will? Die Schweigepflicht aus Sicherheitsgründen kann zum Verrat an dem Volk führen, dem man die Augen über die bevorstehende Katastrophe nicht öffnet. Um so mehr, wenn keine akute Gefahr vorliegt und die schlimmen Konsequenzen der Militärpolitik auf politischem Gebiet liegen. Die SPD hatte in der Weimarer Zeit ein gutes Recht, die geheime Aufrüstung im Reichstag zu brandmarken, aber für die Regierung war es ein leichtes, die »Genossen« in ein schlechtes Licht zu rücken, da es sich ja um militärische Geheimnisse handelte.

Für diejenigen, die dazu berufen sind, die politische Macht zu kontrollieren – das Parlament, die Presse –, ist es also nicht immer leicht, mit dem Problem des militärischen Geheimnisses fertig zu werden. Diejenigen, die nicht dazu berufen sind, sollten es eigentlich leichter haben. Nämlich die Beamten: steht ihnen doch kein Kontrollrecht, sondern nur ein Beratungsrecht zu. Daher ist es normal, daß der militärische oder zivile Beamte streng bestraft wird, wenn er Geheimnisse preisgibt, die er von seinem Amte her kennt. Labrusse und Turpin – die beiden Beamten

1 Ein Verfahren wegen Landesverrats wurde eingeleitet. Es ist nie zum Prozeß gekommen.

des Generalsekretariats der Nationalen Verteidigung, welche 1954 Informationen über Sitzungen des Verteidigungsrates weitergegeben hatten – sind zu hohen Gefängnisstrafen verurteilt worden. Und doch führten sie etwas zu ihrer Verteidigung an: sie hätten die Fortsetzung einer verhängnisvollen Politik verhindern wollen. Die normale Antwort ist hier: »Wenn Sie diese Politik nicht mitmachen wollen, müssen Sie aus dem Amt ausscheiden und können dabei andeuten, warum. Sie dürfen aber nicht bleiben und Ihre Schweigepflicht verletzen«.

Genau dasselbe galt im November 1965 für den Grafen Huyn. Für den ausländischen Beobachter war es nahezu ein komisches Schauspiel, daß derselbe Franz Josef Strauß, der sich in der *Spiegel*-Affäre zum energischen Verteidiger des Staatsgeheimnisses gegenüber der Presse gemacht hatte, drei Jahre später zum Beschützer eines Mannes wurde, der als Beamter Unbefugten Informationen gegeben hatte. Daß es sich um so erstaunliche Nachrichten handelte wie der Wille des Außenministers, mit einem Verbündeten gute Beziehungen zu halten, ändert an der grundsätzlichen Tatsache nichts. Wohl aber führt die Affäre Huyn auf einen anderen Fragenkomplex: wie steht es mit den Geheimnissen, die keine militärischen (oder rein militärischen) sind? Welches Recht hat die Regierung, Tatsachen zu verschweigen, oder zur Verbergung von Tatsachen der Öffentlichkeit und sogar der verfassungsmäßigen Kontrollinstanz, das heißt dem Parlament, Unwahrheiten zu sagen? Mit dieser letzten Frage sind wir weit über die Affäre Huyn und auch über die *Spiegel*-Affäre hinaus: in diesem letzten Fall ist die sehr ernste und schwierige Problematik des Staatsgeheimnisses insofern nicht ausgetragen worden, weil die von Franz Josef Strauß geäußerten Halb- oder Unwahrheiten lediglich dazu bestimmt waren, seine persönliche Verantwortung in einer für die Interessen des Staates sehr unwesentlichen Angelegenheit (wie wurde Conrad Ahlers verhaftet?) zu verbergen.

Der *Spiegel* und die deutsche Öffentlichkeit haben daraus den Schluß gezogen, ein Minister dürfe nicht lügen. So einfach ist es leider nicht. Denn Geheimhalten geht kaum ohne Lüge – und mit dem Geheimhalten ist es schwer, ins klare zu kommen. Was sind etwa die Unrichtigkeiten in den Aussagen von Franz Josef Strauß verglichen mit den enormen Lügen eines Anthony Eden zur Zeit der Suez-Krise, die er zehn Jahre später, in seinen Memoiren wiederholte: Wenn er von der Suez-Krise berichtet, als habe die englische Regierung nicht alles im voraus mit Israel und Frankreich abgemacht. Als die Expedition im Parlament diskutiert wurde, sagte Eden als Premierminister der Opposition und seiner eigenen Partei in vielen wesentlichen Punkten die reine Unwahrheit. Ist seine

Handlungsweise zu verwerfen? Was aber dann mit allen Staatsmännern, die ihre Absicht verheimlichten und ein *fait accompli* schufen, das jede Kontrolle der Macht unmöglich macht? Robert Schuman, dessen Plan nie zur Wirklichkeit geworden wäre, wenn er sich vor seiner Verkündung der Kontrolle der Öffentlichkeit und des Parlaments unterworfen hätte; Roosevelt, der sein Land, ohne es ihm zu sagen, in den Krieg geführt hat; alle Finanzminister, die noch am Vortage der Entwertung geschworen haben, die Währung bliebe unangetastet: sind sie zu verurteilen?

Besteht nicht vielmehr eine echte Spannung zwischen dem Recht der Öffentlichkeit, vor allem des Parlaments, die Regierung zu kontrollieren, und dem Recht der Regierung, geheime Entscheidungen zu treffen? Wie diese Spannung schlecht aufgehoben werden kann, hat Frankreich in beiden Richtungen gezeigt. Unter der Dritten und der Vierten Republik waren die Regierungen meist unfähig zu handeln, weil die gesamte Umwelt sogleich den Inhalt ihrer Beratungen wußte. »Frankreich leidet an zwei Fehlern, die den Wert seiner Freundschaft um die Hälfte verringern«, schrieb Neville Chamberlain im Jahre 1938, »Es kann kein Geheimnis mehr als eine halbe Stunde und keine Regierung mehr als neun Monate behalten«. Heute, unter der Fünften Republik, entzieht sich der Präsident mit seinen eigenwilligen, geheimgehaltenen Absichten und Entscheidungen weitgehend der demokratischen Kontrolle.

Die Kontrolle der Gesetzmäßigkeit

Das Recht oder die Notwendigkeit, nicht die ganze Wahrheit zu sagen, berechtigt jedoch nicht dazu, die Gesetzmäßigkeit zu verletzen. In der *Spiegel*-Affäre hatten die Halb- und Unwahrheiten keinen höheren Zweck. Sie sollten lediglich die Verletzung der Legalität verbergen und zwar Verletzung auf zwei verschiedenen Gebieten, dem des normalen Strafgesetzes und dem des verfassungsmäßig politischen Vorgangs.

Bei dem ersten Aspekt ging es um drei verschiedene Dinge. *Zunächst* die Verhaftungen in der Bundesrepublik – von der Rudolf Augsteins bis zu der Josef Augsteins. Natürlich waren sie dem Buchstaben nach gerechtfertigt: von Flucht- und Verdunklungsgefahr kann man immer sprechen. Aber der Geist des Gesetzes war nicht gewahrt: die Flucht wäre ja einem Schuldbekenntnis gleichgekommen. Aber hier handelt es sich um viel mehr als die *Spiegel*-Affäre: in den meisten Ländern – England wohl ausgenommen, in Amerika hängt es zu sehr vom Geld ab – wird das Grundprinzip des »Habeas corpus« andauernd verletzt und die Untersuchungshaft zur Regel. Allerdings wird in Frankreich gerade bei Pressevergehen fast ausnahmslos von jeder Verhaftung abgesehen. Vielleicht, weil die Fluchtgefahr unglaubwürdig wäre. Vielleicht auch, weil die Presse als Kontrollorgan sich gewissermaßen bis zu einer halben parlamentarischen Immunität emporgeschwungen hat.

Sodann der Fall Ahlers: – nicht das Eingreifen von Franz Josef Strauß, das eher in die Rubrik des politischen Vorgangs gehört –, sondern die Tatsache seiner Festnahme in Spanien (wenn man auch aus dieser, dank Ahlers »Freiwilligkeit«, eine »Aufforderung zur Rückreise« machen kann). Gerade die Bundesrepublik hätte mit Verhaftungen auf fremdem Boden vorsichtig sein sollen. Sicher ist ein Fall wie der Fall Argoud zehnmal schlimmer als der Fall Ahlers. Aber das Grundgesetz ist sehr weit gegangen mit dem Artikel 16: »Kein Deutscher darf an das Ausland ausgeliefert werden. Politisch Verfolgte genießen Asylrecht.« Die erste Bestimmung schafft den Nachbarländern viel Ärger, vor allem, seitdem es so gut wie keine Grenzen mehr gibt. Die zweite muß nicht notwendigerweise so gedeutet werden, wie die Schweizer es tun: sie verweigerten Frankreich die Auslieferung eines Hauptmitwirkers an einem Attentat gegen General de Gaulle, da der Zweck des Verbrechens politischer Natur gewesen war. Aber ein spanischer Ahlers hätte von der Bundesrepublik kaum ausgeliefert werden dürfen. Wäre es da nicht zumindest weiser gewesen, nicht einzugreifen?

Schließlich – und das ist wohl in den Augen des ausländischen Beobachters der wundeste Punkt – ging es um das Bekenntnis zur Legalität, die man von den Machtinhabern in einem Rechtsstaat zu erwarten hat: hier waren es Konrad Adenauer und sein Innenminister Höcherl, die in ihren Äußerungen zeigten, daß sie die strikte Gesetzmäßigkeit nicht zur Norm ihres Denkens und Verhaltens machten.

In allen Ländern wird das Gesetz von der Regierung verletzt, insbesondere, wenn es den Schutz des Privatlebens des Bürgers vorschreibt: in England und in der Schweiz werden die Telefongespräche mindestens ebenso viel abgehört wie in der Bundesrepublik. Wie weit der Einbruch in die Privatsphäre in einem demokratischen Staate gehen kann, hat Vance Packard in seinem erschütternden Buche *The naked society*[1] gezeigt. Aber es ist klar, daß die Wahrung der Rechtsstaatlichkeit in Deutschland besondere Probleme stellt. Man soll die Berufung auf das Recht gewiß nicht übertreiben: die EKD hat zum Beispiel mutig darauf hingewiesen, daß man ein politisches Problem wie die Oder-Neiße-Linie nicht durch Berufung auf Rechtsverletzungen verschleiern sollte. Auch wissen die

1 New York, 1964, deutsch: *Die wehrlose Gesellschaft*, Düsseldorf, Wien, 1964.

Richter des Bundesverfassungsgerichts nur zu gut, wie gerne man in der Bundesrepublik politische Konflikte mit juristischen Mitteln führt. Aber wer wird bestreiten, daß in Deutschland die Vergangenheit mehr mahnt als in anderen Ländern? Ständig haben CDU und FDP daran zu denken, was ihre Vorgänger am 23. März 1933 nicht gesagt haben. Die SPD hat den Worten treu zu bleiben, die an diesem Tage Otto Wels Hitler gesagt hat: »Wir sehen die machtpolitischen Tatsachen Ihrer augenblicklichen Herrschaft. Aber auch das Rechtsbewußtsein des Volkes ist eine politische Macht, und wir werden nicht aufhören, an dieses Rechtsbewußtsein zu appellieren.«

Der Appell an das Rechtsbewußtsein gilt nicht notwendigerweise und nicht nur den Richtern. Der Bundesgerichtshof hat in der *Spiegel*-Affäre seine Unabhängigkeit bewiesen, wie vorher schon das Bundesverfassungsgericht im Fernseh-Prozeß; beide haben im In- und Ausland viel dazu beigetragen, die deutschen Richter in ein besseres Licht zu rücken, das durch die Enthüllungen über die Vergangenheit von allzu vielen unter ihnen getrübt war. Andererseits hat man in Deutschland heute eingesehen, daß der Rechtsstaat auch durch politische Kontrolle zu verteidigen ist. Zum Leipziger Kadi zu gehen, wie es die SPD nach Papens Staatsstreich 1932 tat, kann eine sehr ungenügende Handlung sein. Die Verwendung eines politischen Mittels wie der parlamentarischen Anfrage zur Wahrung des Rechts ist in der *Spiegel*-Affäre von allen Teilnehmern – die öffentliche Meinung inbegriffen – als Selbstverständlichkeit aufgefaßt worden. Das allein ist ein enormer Pluspunkt in einer Bilanz der freiheitlichen Demokratie in der Bundesrepublik.

Hier sind wir beim zweiten Aspekt, bei dem verfassungstreuen oder -untreuen politischen Vorgang angelangt. Was schlecht gelaufen ist, braucht nicht lange beschrieben zu werden: das Übergehen des Justizministers, die allzu große Macht der Staatssekretäre, die zwar politische Beamte, aber Beamte, d.h. keine politischen Verantwortungsträger sind oder sein sollten, und schließlich die Weigerung des Verteidigungsministers, die politische Verantwortung zu tragen. Hier sind die demokratischen Vorbilder in England (ein Finanzminister geht, weil er einen Satz zuviel gesagt hat) und in der Schweiz zu suchen: die Rücksichtslosigkeit, mit der die Kontrolle der Macht in der Affäre der »Mirage«-Flugzeuge funktioniert hat, sollte nicht nur mit der *Spiegel*- sondern auch mit der Fibag-Affäre verglichen werden.

Was gut gegangen ist, muß mehr betont werden, weil es in der Bundesrepublik unterschätzt wurde: Gewiß wäre Franz Josef Strauß eher im Amte geblieben, wenn das Machtverhältnis im Bundestag das der dritten

Legislatur 1957–1961 gewesen wäre und die CDU/CSU die FDP nicht gebraucht hätte. Aber die parlamentarische Kontrolle hat besser funktioniert als in den meisten anderen Ländern, nicht zuletzt dank Franz Josef Strauß. Es ist wahrscheinlich, daß in keiner französischen Republik ein Minister so lange der Opposition als Angeklagter im Parlament gegenüber gestanden hätte. Die Tatsache, daß der Minister Unwahrheiten gesagt und nicht völlig korrekt gehandelt hatte, ist nur evident geworden, weil dieser Minister sich nicht dem Frage- und Antwortspiel entzogen hat. In Deutschland ist das als eine Selbstverständlichkeit angesehen worden. Von Frankreich aus betrachtet, ist es ein weiterer Pluspunkt für die Demokratie in der Bundesrepublik.

Der Spiegel als Wächter?

Es ist wahrscheinlich, es ist aber nicht sicher, daß die parlamentarische Kontrolle auch ohne vorheriges Eingreifen der Presse gut funktioniert hätte. Die Wächterrolle, die der Presse zusteht, ist nach den Verhaftungen und der langen Besetzung des *Spiegel*-Hauses gut ausgeübt worden.

Daß die Presse eine Kontrollfunktion hat, sollte nirgends bestritten werden, besonders nicht in Deutschland. Das schon erwähnte Beispiel des Monats März 1933 zeigt in erschütternder Weise, wie das *Berliner Tageblatt*, die *Vossische Zeitung* und die *Frankfurter Zeitung* mutig den Rechtsstaat verteidigten, zu einer Zeit als Politiker und Gewerkschaftler blind und stumm waren. Wenn seit 1945 ehemalige Zentrums- oder Staats- oder Bayerische Volkspartei-Führer sagen: »Wir wußten nicht, was mit dem Ermächtigungsgesetz gemeint war«; wenn der DGB vergessen sollte, was das Betragen des ADGB zu dieser Zeit gewesen ist, so ist ihnen zu raten, den Leitartikel der *Vossischen Zeitung* vom 21. März 1933 zu lesen. Er zeigt, wie mutig die Presse ihrer edelsten Aufgabe gerecht werden kann (und sein Inhalt ist auch in bezug auf die Notstandsdiskussion nicht uninteressant ...):

»In jedem Falle bleibt der Gesetzgebung; die die Reichsregierung allein und ohne jede parlamentarische Kontrolle ausüben kann, ein geradezu unübersehbares Feld, auf dem ihrem Willen keine rechtliche Schranke gezogen sein würde. Der Satz, daß die von ihr beschlossenen Gesetze von der Reichsverfassung abweichen können, bedeutet die *Beseitigung jeder rechtsstaatlichen Garantie*. Ein neues Gesetz, also auch ein lediglich von der Regierung beschlossenes, ändert nach allgemeinen Rechtsgrundsätzen ohnehin jedes einfache Gesetz ab. Wenn ihm auch die Kraft beigelegt wird, die in der *Reichsverfassung* verbrieften Rechte zu beseitigen, so verschwindet alles das, was man Rechtsstaat nennt. Es bliebe nicht nur bei der Suspension der sieben im Artikel 48 aufgeführten Grundrechte, die bereits die Verordnung vom 28. Februar außer Kraft gesetzt hat. Darüber hinaus wäre eine solche neue Gesetzgebung weder an den Satz gebunden, daß alle Deutschen vor dem Gesetz gleich sind (Art. 109), noch daß die Richter unabhängig und dem Gesetz unterworfen sind (Art. 102), noch daß sie unabsetzbar und unversetzbar sind (Art. 104), daß keine Strafe verhängt werden kann, die nicht vor der Tat gesetzlich bestimmt war (Art. 116), daß alle Bewohner des Reichs volle Glaubens- und Gewissensfreiheit genießen, daß die Kunst, die Wissenschaft und ihre Lehre frei sind (Art. 142). Alles das sind nicht etwa Neuerungen der Weimarer Verfassung. Sie sind Gemeingut aller modernen Völker geworden, seit am 4. Juli 1776 die Vereinigten Staaten von Amerika ihre Unabhängigkeitserklärung verkündet haben. Sie sind geistiges Lebenselement namentlich des Deutschen Volkes geworden, seit Schiller sie mit dem ganzen Pathos eines glühenden Herzens gefordert hat. Sie haben im wesentlichen auch in der Preußischen Verfassung von 1850 genau so ihren Ausdruck gefunden. Sie sind die rechtlichen Grundlagen, auf denen sich Wirtschaft und Kultur der europäischen Welt seit anderthalb Jahrhunderten entwickelt haben. Unmittelbar betroffen von dieser Suspension würde namentlich auch das deutsche Berufsbeamtentum sein ... Die Bedeutung des Entwurfs nicht nur für das gesamte Staatsleben, sondern auch für Leben und Gedeihen jedes einzelnen Bürgers kann daher gar nicht hoch genug veranschlagt werden. Um so größer ist die Verantwortung des Reichstages, wenn er über diesen Entwurf beschließt.«

Nun taucht aber eine nicht unwesentliche Frage auf: ist der *Spiegel* mit der *Vossischen Zeitung* vergleichbar? Mit anderen Worten: gehört der *Spiegel* zu jenen großen Presseorganen, welche nur die besten Seiten der Pressefreiheit verkörpern? Franz Josef Strauß hat Rudolf Augstein und seiner Zeitung zur Märtyrerkrone verholfen. Aber muß das einen davon abbringen, dem *Spiegel* weiterhin kritisch gegenüber zu stehen?[1] Gewiß, der *Spiegel* informiert im allgemeinen ausgezeichnet und bringt dem Leser ein Material, das wohl nirgends anderswo zu finden ist. Er hat oft Skandale aufgedeckt und Widersprüche angeprangert, die ohne sein Zutun unbemerkt geblieben wären. Aber fördert er bei seinen Lesern das Verantwortungsbewußtsein und den Willen, am politischen Prozeß teilzunehmen, die beide zu den notwendigen Eigenschaften des guten

1 Vgl. Alfred Grosser, *La Démocratie de Bonn,* Paris, 1958 (Deutsche Fassung *Die Bonner Demokratie,* Düsseldorf, 1960, S. 260).

Staatsbürgers gehören? Die Antwort kann nur ein sehr bedingtes Ja sein, wenn man den *Spiegel* mit denjenigen Zeitungen vergleicht, die heute der *Vossischen* oder der *Frankfurter Zeitung* entsprechen, nämlich die Londoner *Times*, die *New York Times* oder *Le Monde*. Zunächst geht es dem *Spiegel* etwas zu viel darum, zu »enthüllen«. Ähnlich wie beim *Canard Enchaîné* wird dem Leser der angenehme Eindruck vermittelt, »hinter die Kulissen« blicken zu dürfen, in die eigentliche Wirklichkeit der Politik eingeweiht zu werden, was große Nachteile hat. Der *Spiegel*-Leser glaubt allzu leicht, daß diese nicht gerade erhabene Wirklichkeit der kleinen Zwischenfälle und der oft unerfreulichen Gefühle die Geschichte bestimmt. Ein Nachdenken über die Probleme wird ihm dadurch zu oft erspart. Die Kenntnis der Anekdote ersetzt das Verstehen der Zusammenhänge. Und da man ja »weiß«, hat man seine Bürgerpflicht getan. Der *Spiegel*-Leser ist nicht notwendigerweise ein guter Demokrat: die Zeitung kann ihn auch dazu verführen, ein etwas höhnisch-verachtungsvoller Zuschauer des als unsauber angesehenen politischen Spiels zu sein.

Der *Spiegel* kann auch nicht auf einem anderen Gebiet ohne weiteres als staatstragend angesehen werden, wie es *Le Monde* oder die *New York Times* (oder auch, wenn der Ausländer noch einmal in deutsche Angelegenheiten eingreifen darf, *Die Zeit*) trotz aller Kritik an der Staatsmacht es sind. Das läßt sich vor allem in bezug auf die Auswahl der Information sagen. Zur Zeit des Algerienkrieges zum Beispiel hat *Le Monde* in einer dauernden Spannung zwischen zwei ebenso wichtigen Verantwortungen gelebt: zwischen der Verantwortung dem Publikum und der Wahrheit gegenüber, was die Kritik der Staatsmacht einschloß, und der Verantwortung dem Staate schlechthin und der Nation gegenüber, die nicht alles Wahre als druckreif erscheinen ließ. Beim *Spiegel* kann man hingegen den Eindruck haben, daß es zumindest einen Konflikt gibt zwischen dem Willen, der Wahrheit und dem Staate zu dienen und dem Geschmack an der Sensation, den er nicht mit den Zeitungen, die eine Wächterrolle spielen, teilt, sondern mit denjenigen, die das Bürgerbewußtsein durch Aufregung über Unwesentliches zerstören.

Allerdings kommt hier sofort der Einwand: um der Breitenwirkung willen, muß man einen anderen Ton, einen anderen Stil haben als die systematisch nüchternen Blätter vom *Guardian*, *Times*, *Monde* oder *Christian Science Monitor* Typ. Ist das aber so sicher? Die Auflagenzahl von *Le Monde* steigt ständig, obwohl der Sensationslust keine Konzession gemacht wird. Und nichts beweist – weder bei der Presse noch bei Funk und Fernsehen –, daß die Leser- (oder Hörer- und Zuschauer-) Zahl die politische Wirksamkeit einer Zeitung oder eines Programms bestimmen.

Die Masseneinwirkung der Massenmittel besteht nur in sehr begrenzter Form. Eine Untersuchung über die Meinungsbeeinflussung durch die *Bild-Zeitung* steht noch aus. Unterdessen wählt die Lesermasse der größten Pariser Morgenzeitung, des rechts-orientierten *Parisien Libéré* weiterhin kommunistisch. Die anspruchsvollen Herausgeber hingegen beeinflussen zweifellos diejenigen, die am politischen Entscheidungsprozeß beteiligt sind und auch die »Multiplikatoren«, d.h. die zahlenmäßig beschränkte Schicht derer, die als Gewerkschaftsfunktionäre, als Lehrer oder als Verbandsvertreter eine beträchtliche Anzahl anderer Bürger beeinträchtigen.

Die wirtschaftliche Zukunft der Presse liegt vielleicht bei einer Entwicklung zu einer Informationsindustrie, die aber mit einer »Bewußtseinsindustrie« nicht notwendigerweise identisch ist, und schon gar nicht mit einer Verstärkung der Wächterrolle. Gerade das Gegenteil trifft zu: je breiter das Publikum ist, desto größer die Gefahr, nur über Unwesentliches einzugreifen. Gewiß soll das Paradox nicht zu weit getrieben werden: eine vergrößerte Auflage bedeutet zunächst einmal eine erweiterte Chance, gehört zu werden und Einfluß zu haben. Aber das weltweite Phänomen der Konzentration in der Presse hat als Konsequenz, daß eine selbe große Zeitung zu gleicher Zeit die verschiedensten Publikumsschichten ansprechen will, die Bauern und die Industriellen, die Katholiken und die Protestanten, die Jungen und die Alten, so daß man nichts bringen will, an dem irgendeine soziale Gruppe Anstoß nehmen könnte. Die Konzentration zeitigt eine dauernde Selbstzensur, die genau so wirksam ist wie eine staatliche Zensur, geht es doch darum, die gemeinsamen Tabus zu respektieren. Zur Zeit des Algerienkrieges berichtete die größte französische Zeitung, *France-Soir,* nur sehr wenig über die täglichen Formen der Kriegsführung. Aber über eine Katastrophe wie ein Dammbruch in Südfrankreich war die erste Seite wochenlang voll: die Opfer wurden von allen Lesern beklagt, und die Verantwortung lag nicht bei politischen Entscheidungen, wohingegen Berichte über die viel zahlreicheren Opfer in Algerien die Lesermasse beunruhigt und gespalten hätte.

Ist nicht dasselbe für die Parteien wahr? Auch hier soll natürlich nicht übertrieben werden: große Parteien sind wirkungsvoller als kleine. Aber die Gefahr ist dieselbe wie bei der Presse. Wenn beide »Volksparteien« oder »Parteien des Volkes« sein wollen, werden sie leicht heikle Fragen ausschalten, um nicht einen Teil der Wählerschaft zu verärgern. Die 5-Prozent-Klausel ist sehr nützlich, um ein ordentliches politisches Leben zu haben, um eine stabile Mehrheit zu erreichen, usw. Aber ein paar unabhängige Abgeordnete oder eine kleine Oppositionsfraktion würde der Wächterrolle des Parlaments zuträglich sein.

Zur Zeit des Profumo-Skandals im Jahre 1963 wies der *Daily Mirror* darauf hin, daß die drei Pfeiler der britischen Demokratie weiterhin »ein kräftiges Parlament, eine wachsame und furchtlose Presse und eine unparteiische Justiz seien« (a vigorous Parliament, a vigilant and fearless press, an impartial Justice)[1]. Wenn es nur zwei große Parteien gibt, wird eben die Wachsamkeit und die Furchtlosigkeit der Presse oft darin bestehen, die Opposition und auch die Mehrheit anzustacheln und somit dem Parlament mehr Kraft zu verleihen. In der *Spiegel*-Affäre scheint genau dieser Vorgang vorhanden gewesen zu sein. Auch die Kontrolle der Unparteilichkeit der Justiz gehört zur Wächterrolle der Presse – was wiederum ein wichtiger Aspekt der Affäre war.

So soll schließlich – um den typischen Stil der *Times* oder des *Monde* zu gebrauchen – die *Spiegel*-Affäre weder überschätzt noch unterschätzt werden. Es ging bei der Affäre um Umfang und Grenzen des Grundrechts der Pressefreiheit. Viele derjenigen, die sich damals für eine Verteidigung des Kontrollrechts der Presse engagierten, taten es, obwohl der *Spiegel* die Kontrollfunktion der Presse nur teilweise erfüllt. Auch war die ganze Affäre keine politisch-menschliche Tragödie – nicht nur im oben angeführten Sinn, sondern auch im Vergleich mit der Vergangenheit. Mit Recht wird Franz Josef Strauß sein Israel-Interview vorgeworfen, in dem der *Spiegel* mit der Gestapo verglichen wird. Es darf aber auch gesagt werden, daß einige Beobachter Ausdrücke wie »Nacht und Nebel«, angewandt auf die Verhaftung und die Haussuchung, als außerordentlich geschmacklos empfunden haben.

Das sollte aber nicht die Tatsache verbergen, daß die *Spiegel*-Affäre für die politische Entwicklung der Bundesrepublik und für die Klarstellung der Entwicklung der deutschen Demokratie eine außerordentliche Bedeutung gehabt hat und daß die Lehren, die man aus ihrer Betrachtung ziehen kann, in Deutschland und im Ausland von größter Wichtigkeit sind.

1 Zitiert in Randolph S. Churchill, *The Fight for the Tory Leadership*, London, 1964, ein Buch, das ein gutes Beispiel dafür ist, wie die Presse das politische Geschehen »überwachen« und beeinflussen kann.

Der Fall Sartre*

Jean-Paul Sartre verdient gewiß Kritik – aber nicht so. Das schlechteste Argument gegen ihn ist das der Taktlosigkeit: »Da kommt einer aus Frankreich herüber, es wird ihm gestattet, mit einem Strafgefangenen zu sprechen, und dann kritisiert er öffentlich die Bundesrepublik, ihren Staat, ihre Gesellschaft, ihre Justiz!«

Bitte Vorsicht: Wie gern hat man doch in Deutschland die Taktlosigkeit jener Franzosen gesehen, die bald nach Kriegsende die Methoden der französischen Besatzung und – zusammen mit aufbau- und veränderungswilligen Deutschen – alles kritisierten, was einer demokratischen Erneuerung Deutschlands im Wege stand. Jean-Paul Sartre hat damals zu den Mitbegründern des *Comité Français d'Échanges avec l'Allemagne Nouvelle* gehört, das zum gemeinschaftlichen Wirken mit Deutschen in Deutschland und in Frankreich aufrief. Sartres Zeitschrift *Les Temps Modernes* veröffentlichte als zweite (nach Emmanuel Mouniers *Esprit*) eine Sondernummer über das zerstörte Deutschland, welche die Franzosen über die nuancierte Wirklichkeit Deutschlands und über die französische Mitverantwortung für seine Zukunft aufklären wollte. Für all jene Franzosen, die nach 1945 solche Mitverantwortung empfunden und in Taten umgesetzt hatten, klingt der Vorwurf, Sartre mische sich in innerdeutsche Angelegenheiten ein, etwas absurd.

Hinzu kommt, daß auch die bundesdeutsche Ethik es gewiß nicht bei einem »Jeder kehre vor seiner Tür« verbleiben läßt. Würde man sich sonst so viel um Solschenizyn kümmern? Und noch eines: Wollen wir Europa oder nicht? Wenn ja, dann gibt es keine Taktlosigkeiten in der Kritik von »Ausländern«, denn dann sind wir alle »Inländer« der Gemeinschaft, wo es gilt, sich um die politische, die gesellschaftliche und die geistige Entwicklung Sorgen zu machen.

Ja, Sartre verdient Kritik. Zunächst wegen einem Mangel an kritischer Quellenforschung, die doch eigentlich jedem Intellektuellen geläufig sein sollte. Im Fall Baader scheint seine Information völlig einseitig gewesen zu sein, so einseitig wie all das, was die von ihm veröffentlichten oder unterstützten »revolutionären« Zeitungen oder Zeitschriften in jeder Nummer bringen.

Man darf gewiß auch seine Beweggründe kritisieren, die bei allen Menschen zweideutig und widersprüchlich sind (und welcher Philosoph hat öfters und besser als Sartre auf das unlösbare Problem der Aufrichtigkeit

* Nach dem Gefängnisbesuch Sartres bei Andreas Baader.

hingewiesen?): In seinem Zusammenwirken mit jungen Menschen ist gewiß eine gute Dosis Angst vor dem Altern enthalten, die mitunter bis zur Anbiederung führen kann, häufig auch bis zu einer nicht immer würdigen Verleugnung der eigenen intellektuellen Vergangenheit.

Solche Verleugnung hebt allerdings nicht die bemerkenswerte Kontinuität in Sartres Grundeinstellung auf – eine Kontinuität, die Widersprüche und Ungereimtheiten verewigt. Es ist kein Zufall, daß es Sartre nie gelungen ist, seine seit zwanzig Jahren angekündigte Ethik zu schreiben; auch nicht, seine Auffassung der Politik, seine Einstellung zur Politik systematisch darzustellen. Unter mindestens drei Aspekten ist diese Widersprüchlichkeit, diese Ungereimtheit für seine Stuttgarter Reise von Belang.

1. Welches Recht hat die Gesellschaft, die Freiheit des einzelnen zu beschränken, wenn es um dessen Verfügungsgewalt über sich selbst geht? Die Gesellschaft sei schuldig, sagt Sartre, Holger Meins nicht vor dem Tode bewahrt zu haben. Aber als in Frankreich über Hasch diskutiert wurde, da behauptete Sartre, niemand dürfe die Freiheit zur Selbstzerstörung antasten. Er bezog damals ausdrücklich das Recht zum ungestörten Selbstmord ein.

2. Was ist das Gesetz? Was ist das Recht? Was ist der Rechtsstaat? Sie sind – so Sartre – lediglich der Ausdruck eines bestimmten Machtverhältnisses. Die Manipulation der herrschenden Klasse besteht vor allem darin, daß sie die Unterdrückten dazu bringt, an ein für alle gleiches Recht zu glauben. Zugleich aber führt Sartre energische Kampagnen gegen Rechtsverletzungen, gegen die Nichterfüllung von sehr traditionellen, sehr bürgerlichen Grundrechten in den bösen kapitalistischen Ländern – als gäbe es tatsächlich dort die freiheitlich-demokratische Grundordnung die nur zu verbessern, nicht als reine Heuchelei zu beseitigen wäre.

3. Dieser nette, bescheidene, friedfertige Mann hat ein merkwürdiges Verhältnis zur Gewalt. Manchmal könnte man Sartre als Pazifisten bezeichnen. Manchmal schreibt er schlechthin blutrünstige Sätze. So zum Beispiel in seinem Vorwort zu Fanons berühmtem Buch »Die Verdammten dieser Erde: »In der ersten Zeit des Aufstands muß getötet werden: Einen Europäer erschlagen, heißt zwei Fliegen auf einmal treffen, nämlich einen Unterdrücker und einen Unterdrückten aus der Welt zu schaffen. Was übrigbleibt, ist ein toter Mensch und ein freier Mensch.« Und zuweilen verwirft er die Gewalt als unnütz, als schädlich für die Sache der Befreiung der Unterdrückten. So in seinem Stuttgarter Interview.

Die Widersprüche aufdecken, der Leichtgläubigkeit entgegentreten: einverstanden. Aber diesen Mann verunglimpfen und verachten wollen, das, was er sagt, nicht beachten wollen: nein. Niemand ist völlig aufrichtig.

Doch wer wäre aufrichtiger als dieser Schriftsteller und Philosoph, den die westliche Welt 1964 als Nobelpreisträger für Literatur zu feiern bereit war, als er den Preis ablehnte, weil er sich selbst treu bleiben wollte? Und hat man nicht sehr wohl auf ihn gehört, diesen Mitläufer der Kommunisten, als er 1956 seine Stimme gegen die sowjetische Gewaltanwendung in Budapest erhob? Ist er, der heute gegenüber seinen Freunden von der extremen Linken die Rechte Israels verteidigt und gegen die Haltung der Unesco Stellung nimmt, wirklich ein Fanatiker?

Wenn man zum Grundsatz hat, immer auf der Seite der Unterdrückten, der Benachteiligten, der Bedrohten zu stehen, dann kann man sich irren, kann man übertreiben, kann man sogar ungerecht werden. Da sollte man aber Anspruch darauf haben, zunächst einmal von denen beachtet und gehört zu werden, die ständig das Wort Gerechtigkeit im Munde führen, vor allem wenn sie als Christen, besonders als Anhänger einer sich christlich nennenden Partei den Auftrag erhalten haben, die Schwachen beizustehen und auf jede Selbstgerechtigkeit zu verzichten.

Holger Meins war ein Fanatiker? Im Baader-Meinhof-Prozeß wird es um echte Verbrechen gehen? Gewiß. Aber muß nicht die Frage gestellt werden, warum die Angeklagten so geworden sind? Wenn man auch Sartres Schilderungen unserer Gesellschaft für unzutreffend hält – müßte man sich nicht darüber klarwerden, warum sie in den Augen mancher Heranwachsenden genau so aussieht, wie er sie beschreibt? *Ce sont nos fils«* – es sind unsere Söhne, sagten viele im Frankreich von 1968, um das schuldbewußte Sympathiegefühl zu erklären, daß sie den Rebellen gegenüber empfanden. Warum ist dieses Empfinden in der Bundesrepublik so selten? Nicht-verstehen-Wollen ist ein Zeichen entweder des Fanatismus oder der inneren Unsicherheit. Fanatismus ist kein freiheitlich-demokratisches Gefühl. Und muß die Bundesrepublik wirklich noch auf Jahrzehnte hinaus die Unsicherheit ihrer Anfänge weiter empfinden?

Sartre wählte seinem Mitgefühl die aus seiner Sicht beklagenswerten Opfer aus. Aber war denn der ermordete Berliner Richter kein Opfer? In dieser Frage liegt das beste Gegenargument. Vorausgesetzt, daß es ernst gemeint ist: daß man selber auch das Schicksal aller Opfer beklagt und jenen, denen noch zu helfen ist, auch wirklich hilft. Zum Beispiel, indem man sich nicht weigert, in ihrem Leben bedrohte Menschen aus Südamerika aufzunehmen, wiewohl sie sehr weit links stehen. Oder indem man auf eigenem Boden dem Schicksal der Lehrlinge nachgeht, um zu verhindern, daß die »freie Entfaltung« ihrer Person zum Hohn wird und geistig sie verkrüppeln.

Sartre gibt Baader nur in der Taktik unrecht, nicht wegen der Gewaltanwendung schlechthin. Seine Auffassung von der Gewalt ist nur zu widerlegen, wenn der Rat der Evangelischen Kirche in Deutschland in seiner jüngsten Erklärung recht hat, in der es heißt: »Die Anwendung der Gewalt oder ihre Duldung stellt einen letzten verzweifelten Ausweg dar, der im freiheitlichen Rechtsstaat nicht notwendig ist.« Nicht notwendig, weil für alle jede Freiheit und jedes Recht gleich verwirklicht sind oder weil wenigstens sich alle mit gleichen Chancen für eine solche Verwirklichung einsetzen können.

Ganz gleich können diese Chancen nie sein. Aber nur, wer einsieht, daß sie »gleicher« sein könnten, und sich politisch dafür einsetzt, sie »gleicher« zu machen, das heißt, der jede schleichende, versteckte Gewaltlage beseitigen will, ist wirklich dazu berechtigt, ohne Pharisäertum die offene Gewalt anzuprangern.

Gewiß, Polizei und Gerichte sind dafür da, die Gewalt zu verhindern oder zu bezwingen. Und unsere Gesellschaft ist nicht so, wie Sartre sie darstellt. Aber es gibt bessere Beweismittel als den herablassenden Ton. Der beste Beweis dafür, daß in unserer Gesellschaft »etwa notwendige Änderungen der gesellschaftlichen Verhältnisse auf demokratischem Weg möglich sind« – um noch einmal den Rat der EKD zu zitieren –, das ist die Bereitwilligkeit der Privilegierten des Geldes, des Standes oder der Bildung, sich über die Natur ihres Privilegs belehren zu lassen. Auch von einem unvollkommen informierten Philosophen aus Frankreich. Wer wäre denn über die gesellschaftlichen Verhältnisse seines eigenen Landes vollständig informiert?

Die neuen Deutschen

Einen Essay zu schreiben über die neuen Deutschen: Wenn man bald nach Kriegsende ein »Französisches Komitee für den (geistigen) Austausch mit dem *neuen* Deutschland« mitgegründet hat, so nimmt man einen solchen Vorschlag willig und unvorsichtig an. Damals gab es so ungefähr überhaupt kein Deutschland mehr. Heute gibt es zwei. Die Menschen, die das größere bewohnen – inwiefern sind sie neue Menschen?

Natürlich sind sie neu. Nicht nur, weil die Toten nicht mehr da sind und ein Drittel der Lebenden 1945 noch nicht geboren war (was man in Frankreich allzuoft übersieht), sondern auch weil jeder sich ständig verändert – durch das Älterwerden und durch den sich ständig wandelnden Zeitgeist. Ja, aber wenn dabei der deutsche Geist (oder Ungeist) weitergeht? Dann hat man eben die neuen Deutschen, wie sie sich aus der Lektüre der »Bild«-Zeitung und des SPIEGEL ergeben, aus den zwei Vorstellungen von den Bösen, wie sie Nummer für Nummer angeprangert werden, und aus den zwei von den Guten, jeweils in den Augen des zu einem stolzen »Ich bin nicht so wie jene!« aufgeforderten Millionen-Leserkreises (wobei es auch einige Überschneidungen gibt).

Das Geld als höchster Wert – so ist es leider heute, pfui! Aber du, lieber Leser, denkst glücklicherweise mehr an den Hunger in Afrika (oder an die Befriedigung, gewissenhaft dein Handwerk auszuüben). Ja, liebe Leserin, so viele Frauen denken nur noch an Sex und Abtreibung (oder sind noch KKK-verfangen dabei, Kuchen zu backen und Vatis Heimkehr zu erwarten). Der Onkel Alfred und sein Fernseherfolg: also doch, neu gleich alt! Empörung über die Tierquäler: also doch noch die alte deutsche Liebe zur Natur. Der Vetter und seine Gewerkschaften: wo bleibt der gesunde Sinn für Hierarchie und Autorität? »Die da oben – wir da unten«: immer noch die alte Kluft!

Nicht weiter in diesem Ton. Die Frage nach den »neuen Deutschen« ist ernst gemeint. Aber Ironie verbirgt zuweilen Verlegenheit. Es ist wirklich schwierig zu sagen, wo und wie die neuen Deutschen sind, wenn man versucht, nicht zu verallgemeinern und doch eine Gesellschaft zu verstehen.

Mit »neu« meint die Welt immer noch oft, allzuoft: »Haben die heutigen Deutschen dem Nazismus abgeschworen? Sind sie gegen eine neue Fieberwelle gefeit?« Die Erneuerung ist tiefgreifend, muß die ermutigende Antwort heißen. Wie tief? Beate Klarsfeld in allen Ehren, aber die Deutschen von heute, das sind nicht die paar Lischkas, die noch ruhig umherlaufen. Lischka unbestraft, Ernst Achenbach, lange ein parlamentarischer Würdenträger, oder auch ein vor kurzem inmitten der allgemeinen Verehrung verstorbener Hoherpriester des demokratischen Verwaltungs- und Staatsrechts, der ehemals das Hochamt für den totalen Staat gesungen hatte – alle zusammen wiegen sie nicht viel, wenn man auf die andere Schale das jüngste Wahlergebnis zum Bundestag legt: über neunundneunzig Prozent der abgegebenen Stimmen für die Parteien, die sich ohne allzugroße Lippendienst-Heuchelei auf die freiheitlich-demokratische Grundordnung berufen.

Wenn man nur der Beweggründe aller dieser Wähler sicher sein könnte! Nicht jene Alten sind hier am meisten zu beachten, die überhaupt keine Erneuerung durchgemacht haben, etwa jene Flensburger, die einem Pastor die furchtbarsten Schimpf- und Haßbriefe schickten, weil er zum fünfundachtzigsten Geburtstag Hitlers am 20. April die harte Wahrheit geschrieben hatte. »Man sollte Sie aus dem Tempel herauspeitschen ... Die albernen Greueltaten existieren überhaupt nicht ...«: daß es nach einem Vierteljahrhundert auch solche Deutsche geben würde, war von vornherein klar.

Bedenklicher ist das Nochvorhandensein von Einstellungen, die den Sieg Hitlers ermöglicht haben. Die Verachtung der Politik als das Unsaubere, das Trennende, das Zerstörende; der Hang zur nationalen Selbstbemitleidung; die Leichtigkeit, mit der man sich zum neuen kollektiven Schrei »Steinigt sie!« veranlassen läßt, vor allem, wenn der »Feind« eine kleine oder schwache Gruppe ist. Der alte Autoritäts-Begriff: etwa die »Radfahrer«-Tendenz (sich noch oben beugen und nach unten treten) oder die Behandlung der Lehrlinge in so vielen, in zu vielen Kleinbetrieben. Die in der mutigen Gewerkschafts-Jugend-Zeitung »ran« angeprangerten Arbeitgeber sind wahrhaftig nicht »neu«.

Das gilt noch mehr für die Richter. Nicht für alle, natürlich, und der Vorsitzende des Klarsfeld-Gerichts, der Richter, der Horst Mahler und Ulrike Meinhof zusätzliche »Verteidiger« aufgezwungen hatte, ist vielleicht nicht mehr stellvertretend für den heutigen deutschen Richterstand als es die jungen Mitglieder des streitbaren »Syndicat de la magistrature« (eine Richter-Gewerkschaft, ja, Gewerkschaft!) es für den französischen sind. Aber in Frankreich ist der größere, »würdigere« Richterverband dabei, von der Sozial- und Selbstkritik der zornigen Kollegen angesteckt zu werden, während in der Bundesrepublik die ungleiche Behandlung von arm und reich, von ungebildet und vornehm, von Ladendiebstahl und Finanzverbrechen in aller Standeswürde ohne sichtbare organisierte Gegenströmung weitergeht.

Das Alte kann noch da sein. Neues von gestern mag gealtert, veraltet sein. Manchmal ohne die Möglichkeit einer Erneuerung, aber auch ohne Rückkehr zum Vorgestrigen: so geht es mit nicht wenigen Repräsentanten der Frontgeneration. Manchmal im Sinne eines nicht hoffnungslosen Zurück zu einem nur kurze Zeit hindurch überwundenen Zustand: so die katholische Kirche in der Bundesrepublik.

Die, die »im Jahre Null« den Zusammenbruch als erstes Erwachsenenerlebnis durchgemacht hatten, wie zahlreich waren doch diejenigen unter ihnen, die in den fünfziger Jahren das Neue im Sinn von Freiheit und Gerechtigkeit wollten und diesen Willen selbstlos einsetzten! Ihre Zahl ist schnell zusammengeschrumpft, weil es zu verlockend war, sich in die andere neue Welt des Wirtschaftswettbewerbs und des politischen selbstbezogenen Machtkampfes einzuleben. Diejenigen, die ihrer Erneuerung treu blieben, stellen noch eine bedeutende Zahl dar, aber in ihrem wertbezogenen Realismus, in ihrer nüchternen Wärme gehören sie schon einem Gestern an, weil das Heute eben entweder Nüchternheit mit Kälte oder Wertbezogenheit mit radikaler Verurteilung des Bestehenden verwechselt.

Hingegen bietet die katholische Kirche in der Bundesrepublik dem erstaunten französischen Beobachter das Beispiel einer beinahe unwahrscheinlichen Wende, einer Erneuerung des gestern als veraltet abgelehnten Vorgestrigen. Mit Kirche sind hier die Würdenträger gemeint, denn die Masse der »neuen« Katholiken ist wohl wie die Protestanten in die drei Kategorien einzuteilen, die das Präsidium des Deutschen Evangelischen Kirchentags in seiner schönen Erklärung vom 31. Juli 1974 aufgezählt hat: die Gleichgültigen, die Veränderer, ob Reformer oder Revolutionäre, und die Bewahrer.

Um das Erstaunen über die deutschen Bischöfe besser verständlich zu machen, sei ein doppelter Vergleich aufgestellt.

Der erste mit der Vergangenheit. In den fünfziger Jahren konnte man sagen, daß sich die Geographie auf dem Gebiet des Katholizismus geirrt hatte, da ja die Bundesrepublik zwischen Spanien und Frankreich lag. Dann kam das Konzil Vatikanum II und eine bedeutende Wandlung in der Bundesrepublik. Höhepunkte: der unruhige Katholikentag 1968 und die endlich zur Schau getragene und auch wirklich weitgehend praktizierte parteipolitische Abstinenz der Bischöfe beim Bundestagswahlkampf 1969.

Der zweite Versuch mit der ausländischen Gegenwart. In Spanien, ja in Spanien, fordern die Bischöfe soziale Gerechtigkeit als höchste christliche Verpflichtung des Staates. In Frankreich haben die Bischöfe 1972 einen Text gemeinsam gutgeheißen, der unter dem Titel »Für eine christliche Praxis der Politik« eine Reihe von »ethischen Forderungen« aus der Bibel herausarbeitet (»Der Respekt vor den Armen, der Schutz der Fremden, das Mißtrauen dem Reichtum gegenüber, die Verurteilung der durch das Geld ausgeübten Macht«) und eine Art Liste für die Lösung der dringlichsten Grundprobleme aufgestellt hat: »Die Ausbeutung der Fremdarbeiter, die Plünderung der Entwicklungsländer ... die Schule, die die klassischen Ausdrucksarten und die Interessen der bereits privilegierten sozialen Klassen bevorzugt ...«

Die »neuen« deutschen Bischöfe hingegen haben 1972 wieder massiv in den Wahlkampf eingegriffen und haben dabei den Paragraphen 218 zum Prüfstein der Anwendung christlicher Prinzipien in der Politik gemacht! In Frankreich ist das Pendel so weit nach der anderen Seite ausgeschlagen, daß die Bischöfe zaghaft, allzu zaghaft, erklären, daß ein Katholik sich nicht notwendigerweise zum Sozialismus bekennen muß, um ein guter Christ zu sein. Wohingegen Kardinal Döpfners »Münchener Katholische Kirchenzeitung« schreibt: »Die deutschen Bischöfe des Jahres 1974 sehen sich immer mehr in die Rolle ihrer Vorgänger im Dritten Reich gedrängt.«

Diese neue Rückkehr zu einer alten Verkrampfung läßt sich teilweise durch eine andere, neue und zugleich gar nicht so neue Verkrampfung erklären, die pseudo-marxistische. Es scheint, als falle es in Deutschland besonders schwer, frei zu denken. Das Ersetzen der göttlichen Vorsehung durch den Klassenkampf als alles erklärendes Prinzip bedeutet wirklich keine Befreiung! Und Marx würde sich schwer ärgern, wenn er seine Jünger an den deutschen Universitäten sehen würde, die sich benehmen wie einst die Theologen: man weiß im voraus die Antwort auf die Fragen, anstatt sie durch strenge Untersuchung der Fakten mühselig zu entdecken, man beruft sich fortwährend auf die Texte der Kirchenväter, ohne deren Garantie nichts Neues gesagt, ja gedacht werden darf, man kann mit Ketzern nur sprechen, um zu belehren, zu bekehren oder zu verdammen. Und wenn man die Macht hat, gibt es kein Gespräch mehr, sondern die Verbannung der Ungläubigen und die sorgfältige Beschützung der Neulinge vor dem Irrtum.

Das soll keine Verherrlichung der Radikalen-Bekämpfung sein mit ihren Vorschriften und Maßnahmen, wie sie in der Bundesrepublik praktiziert wird. Im Gegenteil: Es ist gerade so erschreckend zu sehen, wie Intoleranz ständig Intoleranz fördert. Aber wenn die Frage nach den neuen Deutschen einmal gestellt ist, so dürfen die Diener des neuen Glaubens nicht fehlen. Manchmal sind sie fanatisch und intelligent, manchmal epigonenhaft dumm, was mitunter auch in Rahmenrichtlinien seinen Niederschlag finden kann.

Das Dumme kann festgestellt werden, wenn der Text relativ klar ist. Im großen ganzen beeindrucken die neuen Weisen (seien sie nun Marx- oder nur theoriegläubig) dadurch, daß sie sich als Weissager der Gesellschaft, der Politik, der Sprache wie die Orakel Griechenlands unverständlich ausdrücken.

Die Versuchung, Theorie zu verherrlichen, gibt es auch anderswo. Wenn es aber mehr neue Deutsche gibt, die ihr erliegen, als neue Franzosen, so hängt das mit einer gewissen Geschichtslosigkeit in Deutschland zusammen, die ihrerseits die Geschichtsverachtung vieler Intellektueller, darunter mancher Lehrer, mitgezeitigt hat. Die Älteren haben damit begonnen. Hitler sollte überwunden werden (oder durfte nicht gewesen sein). Aber da es sich nicht um einen Ast des deutschen Baumes handelte, sondern um einen Teil des Stamms, wurde aus dem Herausschneiden Wurzellosigkeit.

Das gilt für die Geschichtskenntnis. Das gilt auch für die Literatur. Die Verehrer der Klassiker wirken alt und jedenfalls weltfremd. Die Engagierten kennen im allgemeinen die Klassiker nicht. In Frankreich ist das erfolgreichste Buch über die Präsidentenwahl 1974 eine satirische »klassische« Tragödie in Alexandrinern und in fünf Aufzügen. Wäre so etwas in der Bundesrepublik möglich?

Aber schon zeigt sich die gute Seite dessen, was eben beklagt wurde. Es ist eben die Wurzellosigkeit, die bei so vielen Jugendlichen eine neue, eine erfreuliche Unbefangenheit ermöglicht. Sie ist vierzehn und hat bereits einen Freund. Sie gehört einer kleinen Gruppe an, in der man brüderlich alles gemeinsam unternimmt und unter anderem auch diskutiert, ob man zum Hasch greifen wird. Natürlich kann es schiefgehen. Aber wie erfreulich ist doch dieses Hineinleben in eine Solidarität, dieser kritische Blick auf die Umwelt, dieser letzten Endes hohe, sehr hohe ethische Anspruch.

Ja, es ist bei vielen schiefgegangen. Aber bei anderen nicht, die weder zur radikalen Ablehnung oder zur Verzweiflung noch zum Abdanken, zum Anpassen gekommen sind. Das französische Fernsehen hat jüngst zwei hervorragende, je anderthalb Stunden lange Sendungen über die Bundesrepublik gebracht. Eines der Porträts, das das Publikum am meisten beeindruckt hat, war das eines Kriegsdienstverweigerers, der seinen Ersatzdienst als Pfleger in einer Anstalt für Geisteskranke verbringt. Ruhig, besonnen, ohne Pathos. Dem geläuterten Menschen der deutschen Klassiker näher als die meisten Germanisten. Etwas älter, aber ebenso ruhig, besonnen, ohne Pathos, war in der gleichen Sendung auch der junge Offizier.

Es hätten viele andere, im guten Sinn selbstbewußte, bescheidene, aber entschieden einer ethisch motivierten Aufgabe treue Deutsche aus verschiedenen Altersschichten gezeigt werden können, gewiß nicht nur »unten«, sondern auch »oben«, aus der Sphäre von Macht und Einfluß. Der nicht mehr junge Bankier, der eine Zukunft mitgestalten will, die nicht auf die Verherrlichung des Geldes aufgebaut sei. Der Beamte, der ohne Anti-Imperialismus-Besessenheit neuen Staaten wirksam hilft, ihre Entfaltungsschwierigkeiten zu überwinden, abwechselnd am Ort und im Bundesministerium.

Oder der Fernsehmann, der das Fernsehen als ein Befreiungsinstrument handhabt, zunächst, indem er Jugendgruppen half, sich auszudrücken und ihre Sorgen und Erwartungen mitzuteilen, die dazu kaum eine andere Möglichkeit hatten, dann das aufklärende Fernsehen in der Form von medienkritischen Sendungen, die den allzu leichtgläubigen Zuschauer vor der Versuchung des »Ich hab's gesehen, also ist es so« bewahren soll.

Es könnte eine lange Reihe von Porträts werden. Würden sie nicht zu sehr auf Zufälligkeiten beruhen oder auf der schlichten Tatsache, daß der Besucher von draußen am liebsten die aufsucht, die er mag? Wären sie repräsentativ?

Nicht mehr, aber auch nicht weniger als die negativen, die man in den Zeitungen dargestellt findet. In »Bild«, aber auch im SPIEGEL. Denn Information ist ja bekanntlich das, was erregt, nicht das, was ermutigt. Schade. Denn die neuen »guten Deutschen« wären zahlreicher, wenn ihre Landsleute besser wüßten, daß es sie gibt.

Doppelbeleuchtung

Pius xii. und das Dritte Reich

Im Grunde spricht Saul Friedländers Buch für sich: in seiner wegen ihrer Klarheit und Behutsamkeit bemerkenswerten Vorrede hat sich der Autor selbst präzise über die Art seiner Quellen und seiner Methode wie über die Grenzen seines Themas und seiner Resultate geäußert. Der Leser hat unschwer entdeckt, daß die in diesem Buche vorgelegten bisher unveröffentlichten Dokumente von höchstem Interesse sind. Er hat gesehen, daß Friedländers Interpretation der Texte gleichzeitig klug, gediegen und scharfsinnig war – manchmal so sehr, daß sie durch Schlußfolgerungen eine dunkle oder bisher falsch gedeutete Formel aufhellt: zum Beispiel die Schlüsselstelle aus der Ansprache vom 2. Juni 1943: Der Stellvertreter Christi »stand bisweilen vor Türen, die kein Schlüssel zu öffnen vermochte«.

Gleichzeitig gäbe der Verfasser wohl als erster zu, daß Texte nicht alles sind: daß sich Worte und Taten häufig den Dokumenten entziehen, vor allem in einer Zeit, in der Geheimhaltung und Verstellung es häufig möglich machten, einen anderen zu retten. Ein einfaches Beispiel für die Behutsamkeit, mit der ein Buch wie dieses zu benutzen ist: es betrifft das Schicksal der Juden in Frankreich. S. Friedländer zitiert nach *L'action française* von Eugen Weber ein Telegramm, das kirchliche Würdenträger aus Frankreich an Marschall Pétain gerichtet haben. Darunter der Bischof von Fréjus. Es wäre uns indessen ein leichtes, Zeugnisse über die unschätzbare und mutige Hilfe zu sammeln, die Mgr. Gaudel den jüdischen Flüchtlingen in seiner Diözese geleistet hat. Weil aber diese Hilfe in keinem Dokument verzeichnet ist, könnte der Leser dieses Buches leicht verführt sein, ein herbes Urteil über den Bischof zu fällen.

Friedländer verweist seinen Leser eingangs mit Recht auf zwei andere Untersuchungen: das schöne nüchterne Buch »Le Vicaire et l'Histoire« von Jacques Nobécourt und das gefährlich präzise Werk »The Catholic Church and Nazi Germany« von Guenter Lewy. »Pius xii. und das Dritte Reich« ergänzt diese Arbeiten in wesentlichen Punkten. Drei wichtige Bücher, die in einem und demselben Jahr erschienen sind und verwandte Themen behandeln – von den zahlreichen deutschen Veröffentlichungen aus den Jahren 1963 und 1964 nicht erst zu reden: woher kommt dieses Interesse der Forscher und der Öffentlichkeit an den Beziehungen zwischen dem Katholizismus und dem Nationalsozialismus?

Das Theaterstück von Rolf Hochhuth hat in jeder Hinsicht die Aufmerksamkeit auf die Wechselbeziehungen zweier Strukturen gelenkt, die in den sechziger Jahren aus zwei verschiedenen Gründen aktuell sind: auf Hitlerdeutschland, weil zwanzig Jahre nach dem Ende des Grauens die jungen Leute in Frankreich wie in Deutschland wissen möchten, »wie es geschehen konnte«; und auf die römische Kirche, weil das Vorgehen Johannes' XXIII. das zugleich leidenschaftliche, wohlwollende und fordernde Augenmerk der nichtkatholischen Welt auf sie gelenkt hat.

Der Leser oder Betrachter des »Stellvertreters« konnte sicherlich »Pius XII. und das Dritte Reich« lesen, um dort eine Bestätigung oder Abschwächung der Thesen Hochhuths zu suchen. Er hat noch einmal bestimmte Dokumente in ihrem Zusammenhang gelesen, zum Beispiel Weizsäckers Bericht über den schwachen Protest des Papstes gegen die Verschleppung der römischen Juden. Er hat festgestellt, daß Nuntius Orsenigo noch weitaus weniger geneigt war, die Verfolgten gegenüber der Reichsregierung zu verteidigen, als Hochhuth vermutet hat. Er ist noch einmal Gerstein begegnet, obgleich das Schicksal seines Berichtes im Vatikan noch weithin im dunkeln bleibt.[1] Er hat festgestellt, daß der Verteidigungskampf gegen den Bolschewismus eine vordringliche Sorge des Papstes war, zum Teil infolge seiner Münchner Erlebnisse von 1919, auf die Jacques Nobécourt mit Recht verwiesen hat. Er war nicht überrascht, als er bestätigt fand, daß die Jahre, in denen Pius XII. als Nuntius in Deutschland war, seine Haltung prägten und daß die Lage Italiens und das Schicksal seines Landes nicht ohne Einfluß auf seine Überlegungen blieben, denn schließlich war er Bischof von Rom, ein Italiener, der in Italien lebte.

Die Dokumente, die Friedländer vorlegt, machen es beinahe zur Gewißheit, daß man im Vatikan mit dem Gedanken eines Umsturzes der Allianzen oder mindestens eines separaten Friedens mit dem Westen gespielt hat. Der entsprechende Text erinnert stark an die Rundfunkansprache, die Hitlers Nachfolger Großadmiral Dönitz am 1. Mai 1945 an die Deutschen gerichtet hat: »Unser Führer, Adolf Hitler, ist gefallen. ... Frühzeitig hatte er die furchtbare Gefahr des Bolschewismus erkannt und diesem Ringen sein Dasein geweiht ... Sein Einsatz im Kampf gegen die bolschewistische Sturmflut galt darüber hinaus Europa und der gesamten Kulturwelt ... Die Angloamerikaner setzen dann den Krieg nicht mehr für ihre eigenen Völker, sondern allein für die Ausbreitung des Bolschewismus in Europa fort.« Aber ein amerikanischer Diplomat berichtet im Zusammenhang mit einer Unterredung mit Churchill, die nur wenige Tage später stattfand: »Ich erklärte ihm freimütig, nachdem ich ihn so

1 Ergänzungen dazu findet man bei Helmut Franz, Kurt Gerstein, Außenseiter des Widerstands der Kirche gegen Hitler (Zürich 1964).

heftig gegen die Drohung einer sowjetischen Vorherrschaft und gegen die Ausdehnung des Kommunismus in Europa habe wettern hören ..., müsse ich mich fragen, ob er bereit sei, der Welt zu erklären, daß er, der britische Premierminister, und auch das britische Volk im Irrtum waren, als sie Hitler nicht unterstützten.«[1] Zwischen dem französisch-sowjetischen Pakt von 1935 und dem Eintritt der Bundesrepublik Deutschland in die atlantische Allianz, dem deutsch-sowjetischen Pakt von 1939 und dem großen Bündnis gegen Hitler nach dem 21. Juni 1941 liegen so große Schwankungen, daß man zu scharfen Urteilen über Haltungen und Menschen die Lust verliert.

Schließlich hat man in »Pius XII. und das Dritte Reich« gesehen, welche Erklärungen zu der seit der Erstaufführung des »Stellvertreters« am leidenschaftlichsten diskutierten Frage die größte Wahrscheinlichkeit für sich haben: ich meine das Schweigen oder Beinahe-Schweigen des Papstes gegenüber den nationalsozialistischen Grausamkeiten. Man sollte sich freilich von diesem Problem nicht blenden lassen. Man sollte andere Fragen stellen, die Friedländer in seinem Bemühen, ein Historiker zu sein und Dokumente vorzulegen, bewußt kaum streift und deren Umrisse wir mindestens andeuten möchten. Welche Antwort gibt die katholische Kirche auf die Frage: »Wer ist mein Nächster?« Wie definiert sie das Böse, das sie in der politischen Gesellschaft bekämpfen muß? Hat sie das Recht oder die Pflicht, in dieser Gesellschaft im Namen einer Moral zu sprechen?

»Niemand ist dem Herzen der Kirche fremd ... Alles Menschliche geht uns an.« Im Jahre 1964 setzen diese Worte Papst Pauls VI. in *Ecclesiam suam* niemanden mehr in Erstaunen. Doch wurden derartige Formulierungen nicht immer verwirklicht. Auch sind sie nicht immer leicht anwendbar. Vielleicht hat die katholische Kirche von 1935 bis 1945 von keinem Deutschen gemeint, er sei ihrem Herzen fremd, doch hat sie einen beachtlichen Unterschied zwischen katholischen und anderen Deutschen gemacht. Alle Dokumente beweisen einstimmig, daß die Kirche mit dem Hitlerregime zusammengearbeitet und sich nur wirklich von ihm distanziert hat, wenn es die Katholiken oder den Katholizismus angriff. Als das Konkordat im Juli 1933 den Bischöfen einen Treueid gegenüber der Regierung abverlangte, hatte diese schon Konzentrationslager eröffnet und Kommunisten, Sozialisten und Juden verfolgt.

Es stimmt, daß sich die Kirche damals genauso wie die große Mehrheit der Deutschen und der deutschen Organisationen verhielt: jeder – von den Gewerkschaften bis zum Stahlhelm – schaute zu, wie sein Nächster

1 Zitiert bei Admiral William D. Leahy, I Was There (New York 1950), S. 378.

zertrampelt wurde, und sagte sich, er bleibe schon verschont. Diesen Gedanken spricht Pastor Niemöller aus, wenn er in einer Botschaft von 1946 an seine evangelischen Brüder davon spricht, daß er 1937 in ein Konzentrationslager eingeliefert wurde: »Mit den Konzentrationslagern fing es im Jahre 1933 an, und die Kommunisten wurden zu Tausenden hineingesperrt, ... ohne daß jemand sich darum kümmerte.« Noch schlimmer: Juden rückten von anderen Juden ab. »Sentimentale Schwäche war es, wenn die deutschen Juden sich nicht entschließen konnten, gegen die Ostjudengefahr mit der Härte einzuschreiten, die für jeden Deutschen selbstverständliche Pflicht war«, schrieb das Geschäftsführende Vorstandsmitglied des Verbandes nationaldeutscher Juden.[1]

Daß es alle tun, ist freilich kein Grund, nun selber etwas Anfechtbares zu tun. Man kann indessen betroffen sein, wenn man sieht, wie beharrlich dasselbe Motiv in allen Dokumenten wieder auftaucht: man muß zuerst die Katholiken schützen. Wäre der scharfe Protest des Bischofs Graf Galen gegen die »Euthanasie«, dem ein voller Erfolg beschieden war, genauso eindeutig ausgefallen, wenn keine Katholiken im Spiel gewesen wären? Man möchte es beinahe glauben, wenn man sieht, wie unablässig die keineswegs nur taktisch gemeinte Unterscheidung zwischen den getauften, also katholisch gewordenen, und den ungetauften Juden angewendet wird. Und ebenso wie in Deutschland die Kirche zuerst die Katholiken verteidigte, war der Schutz der deutschen Katholiken eine wesentliche Sorge des Papstes. Sie lähmte ihm die Hand, wenn es andere Menschen zu verteidigen galt, denn er befürchtete Repressalien gegen die Herde, als deren Hirt er sich vor allem berufen fühlte.

Doch waren die deutschen Katholiken nicht einfach Geiseln. Saul Friedländer hat sicher recht, wenn er schreibt: »Ermutigt von ihren eigenen Bischöfen, die in ihrer großen Mehrheit dem Nationalsozialismus ergeben waren, hätten sich die deutschen Katholiken möglicherweise von Rom abgewendet, wenn Pius XII. Hitlers Aggression offen verurteilt hätte.« Diese Feststellung führt uns zu Bemerkungen von zweierlei Art.

Erstens wird bei Friedländer wie bei Lewy eine enge gegenseitige Abhängigkeit zwischen dem katholischen Volk in Deutschland, der deutschen katholischen Hierarchie und dem Vatikan nachgewiesen. Wenn aber der Hinweis auf ihre Christenpflichten die Gläubigen zur Abkehr von Rom, von ihrem Glauben bewegen konnte, ist dann dieser Glaube nicht eher ein

1 *Berliner Tageblatt* Nr. 23 vom 4. Juni 1933. Vgl. mein kleines Buch: Hitler, la presse et la naissance d'une dictature (Paris 1959) S. 201 f. Über jene jüdische Organisation und die Versuche der Juden, sich mit Hitler zu arrangieren, vgl. jetzt Ball-Kaduri (Kurt Jakob), Das Leben der Juden in Deutschland 1933 (Frankfurt 1963).

soziologisches als ein religiöses Phänomen? Mit anderen Worten: Hat es der Vatikan, als es darum ging, Maßnahmen gegen den Krieg oder später gegen die Massenvernichtungen zu ergreifen, nicht vorgezogen, Katholiken im Schoß der Kirche zu behalten, die durch ihre Taufe und ihr Bekenntnis, aber nicht durch ihre Ethik und ihr Verhalten dem Katholizismus angehörten?

Hat sich die Kirche in den letzten zwanzig Jahren in dieser Hinsicht nicht gewandelt? Man denke an den Kampf, den die Bischöfe im Süden der Vereinigten Staaten gegen einen Teil ihrer Gläubigen in der Sache der Rassentrennung führen. Man denke vor allem an die Haltung der französischen Bischöfe im Algerienkrieg. Als Erzbischof Duval von Algier gegen die überwältigende Mehrheit seiner Diözesanen die unterdrückten Muslime in Schutz nahm, die Opfer eines grausamen »Gegen-Terrors« wurden, hat er seinen Nächsten anders definiert als die deutschen Bischöfe oder der Heilige Stuhl in der Hitlerzeit.

Zweitens waren die deutschen Katholiken zum größten Teil erst Deutsche und dann Katholiken. Genauer gesagt, Nächste waren für sie und ihre Bischöfe eher die, die demselben Vaterland angehörten, als die, die sich zu derselben Kirche bekannten, oder als alle Menschen ganz allgemein. Hier handelt es sich gewiß um kein spezifisch deutsches Problem. Das fünfzigste Jahr nach dem Kriegsausbruch von 1914 beschwört vor unseren Augen eine ganze Anthologie von bischöflichen Äußerungen in allen Ländern, die Gott für ihre nationale Sache in Anspruch nahmen. Doch war der Fall Deutschlands in doppelter Hinsicht bemerkenswert. Einerseits waren die Verbrechen, die man hätte anprangern müssen, Verbrechen der Führer der Nation und nicht Verbrechen, die irgend jemand im Namen eines anderen Volkes beging: obgleich der Algerienkrieg schon vielen die Augen geöffnet hat, kann man in Frankreich nicht oft genug betonen, wie schwer es ist, für die moralische Sauberkeit des Vaterlandes zu kämpfen, wenn der Kampf auf Kosten der Macht dieses Vaterlandes geht... Auf der anderen Seite haben Nobécourt und Lewy genau gezeigt, um wieviel stärker die deutschen Bischöfe noch im Volksgemeinschaftsmythos verfangen waren als die Kirchenfürsten der anderen Länder.

Das gilt vor allem für den Antisemitismus. Auch hier muß man sich hüten, dem Deutschenhaß zu verfallen. Jules Isaac und Léon Poliakov haben genug Beweise für einen alten und dauerhaften christlichen Antisemitismus zusammengetragen, zum Beispiel in Frankreich. Als das katholische Organ *La Croix* von denen, die sich durch Zolas »J'accuse« betroffen fühlten, am 16. Januar 1898 schrieb: »Sie glauben nicht an Gott, aber sie glauben an Zola«, bewies es deutlich, daß Dreyfus von vornherein viel weniger sein Nächster war als ein Katholik.[1] Man liest bei Friedländer noch einmal bewegt den wunderbaren Hirtenbrief Kardinal Saliėges aus der Zeit der deutschen Besatzung; aber zwei Seiten vorher nimmt man bestürzt das Telegramm von Otto Abetz zur Kenntnis, in dem es heißt: »Die Botschaft des Erzbischofs von Toulouse ist am vergangenen Sonntag nur in einem Teil der Kirchen verlesen worden. Etwa die Hälfte der Geistlichen habe Laval zufolge die Weisung nicht befolgt, sondern die Präfekturen auf die staatswidrigen Absichten des Erzbischofs aufmerksam gemacht.«

Doch hatte in Frankreich der Antisemitismus nicht wie in Deutschland nach Hitlers Machtübernahme einen großen Teil des Klerus und Episkopats ergriffen. Was immer die Zeugnisse wert sein mögen, die beweisen, daß Priester Juden als ihre Nächsten ansahen – die Lektüre der Zitate bei Lewy ist wahrhaftig niederschmetternd. Dort findet man schreckliche Texte von immerhin ehrenwerten und geehrten Männern wie Kardinal Faulhaber oder dem Jesuitenpater Gustav Gundlach. Pius XII. hätte auf die deutsche Hierarchie schon einen beträchtlichen Druck ausüben müssen, wenn sie wirklich für die Juden den Kampf aufnehmen und den Juden den »liebevollen Respekt« beweisen sollte, von dem *Ecclesiam suam* spricht.

Kampf gegen wen? Im Namen welcher Werte? Die Antwort ist schwerer als es anfangs scheint. Das Bestreben der Kirche, eine Verurteilung nur auszusprechen, wenn die Gläubigen bedroht sind oder sie selber angegriffen wird, wirkt anstößig, sobald man an die Opfer denkt. Doch ist auch eine andere Erklärung möglich. Vergegenwärtigen wir uns noch einmal die jüngste päpstliche Verlautbarung: »Von ihr aus gesehen ist niemand ein Feind«, sagt *Ecclesiam suam,* »der es nicht seinerseits zu werden wünscht ... In Wirklichkeit gleicht unsere Klage mehr dem Stöhnen des Opfers als dem Spruch des Richters.« Ist es die Aufgabe der Kirche, Verbrechen anzuprangern? Man sollte bei der Antwort vorsichtig sein. Sicher wirkt eine bestimmte Art, das Protestieren auf einen sehr spezifischen Bereich der katholischen Sittenlehre einzuschränken, recht unangenehm: daß beispielsweise, wie man in einem Dokument dieses Buches liest, der Nuntius am 15. März 1940 die Bitte ausspricht, man möge die im Lager Sachsenhausen getöteten Priester nicht einäschern, weil die Einäscherung im Widerspruch zu den kirchlichen Grundsätzen stehe; die Lebensbedingungen im Lager dagegen erwähnt er mit keinem Wort.

Aber die Kirche kann schwerlich die Verbrechen der einen Seite verwerfen und die der anderen verschweigen. Wenn der Papst, wie wir glau-

1 Zitiert bei Patrice Boussel, L'affaire Dreyfus et la presse (Paris 1960) S. 167.

ben, die Vernichtungsmaßnahmen in Auschwitz und Treblinka anprangern mußte, dann durfte er ebensowenig ein solches Blutbad wie die Bombardierung Dresdens[1] und die Zerstörung Hiroshimas oder die von der sowjetischen Regierung begangenen Massenmorde und Deportationen mit Schweigen übergehen, deren Ausmaß Chruschtschow im Jahre 1956 enthüllt hat, deren Vorhandensein jedoch zumindest so bekannt war wie das der Grausamkeiten Hitlers. Verlangt man, daß die Kirche ein Urteil über die Menschen fällt, die sogar Kindern Leid zufügen, dann muß man ihr ebenso rückblickend vorwerfen, daß sie nicht einschritt, als das Unternehmertum des neunzehnten Jahrhunderts vierjährige Kinder zehn Stunden täglich arbeiten ließ.

Im Falle Hitlerdeutschlands hat freilich die Hierarchie selber Versäumnisse eingestanden. Am 23. August 1945 veröffentlichte die Fuldaer Bischofskonferenz eine Erklärung, in der die Bilanz des Lebens gezogen wurde, das der deutsche Katholizismus unter dem Hitlerregime geführt hat. Die Würdenträger der Kirche erinnerten an die Zeit, in der sie »für die Rechte der Persönlichkeit eingetreten« waren und »die Übergriffe des Staates in das kirchliche Leben zurückgewiesen« hatten. Sie dankten den Eltern, die »mutig für die katholische Schule eingetreten« waren, und stellten gleichzeitig mit Bedauern fest: »Viele Deutsche, auch aus unseren Reihen, haben sich von den falschen Lehren des Nationalsozialismus betören lassen, sind bei den Verbrechen gegen menschliche Freiheit und menschliche Würde gleichgültig geblieben; viele leisteten durch ihre Haltung den Verbrechen Vorschub, viele sind selber Verbrecher geworden. Schwere Verantwortung trifft jene, die auf Grund ihrer Stellung wissen konnten, was bei uns vorging, die durch ihren Einfluß solche Verbrechen hätten verhindern können und es nicht getan haben, ja diese Verbrechen ermöglicht und sich dadurch mit den Verbrechern solidarisch erklärt haben.«

Dieser Text ist weniger klar, als man beim ersten Lesen meinen möchte. Gehörte auch ein Teil der Bischöfe zu jenen Menschen, die solche Verbrechen durch ihren Einfluß hätten verhindern können? Wie dem auch immer sei, die Fuldaer Erklärung ist ein Akt der Reue, der siebzehn Jahre später, kurz vor der Eröffnung des Konzils in feierlicher Form erneuert wurde. Soll das bedeuten, daß ein neues Hitlerregime einem klügeren und mutigeren Episkopat begegnete? Im Jahre 1960 haben die Bischöfe und Bischöflichen Kommissare in der DDR einen Fastenhirtenbrief herausgegeben, der den Titel trägt: »Der Christ in atheistischer Umwelt.« Ein Abschnitt darin trug die Überschrift: »Wirkt nicht unmittelbar und aus-

1 Vgl. David Irving, Der Untergang Dresdens (Gütersloh 1964).

drücklich bei Handlungen mit, die gegen das christliche Gewissen sind!« Dort konnte man insbesondere lesen: »Wenn z.B. die Ausübung eines Berufes ohne Abkehr von der Kirche oder ohne eine unchristliche Lebenshaltung nicht möglich ist, dann müssen wir euch schweren Herzens raten, lieber auf einen solchen Beruf zu verzichten.« Nie hat die Kirche zwischen 1933 und 1945 so gesprochen, nicht einmal zu den Katholiken, die der SS angehörten.

Weshalb heute und nicht gestern? Zum Teil, weil die Gewissenserforschung von 1945 stattgefunden hat. Nur zum Teil: sicher würde die Kirche heute die Krematorien oder etwas Entsprechendes öffentlich verurteilen, doch bei den anscheinend weniger wichtigen Verstößen gegen die menschliche Person ist sie nicht unbedingt empfindlich, genauer gesagt, der Maßstab bei der Bewertung solcher Verstöße entspricht nicht immer dem der Erklärung über die Menschenrechte. Für sie muß man den Atheismus mehr bekämpfen als die Diktatur.

Darin liegt nichts Erstaunliches, und dennoch berühren wir hier einen fundamentalen Aspekt der Probleme, die Saul Friedländers Dokumente uns stellen. Die Kirche verwirft den Totalitarismus vor allem, weil er totalitär ist, das heißt, weil er den Bereich des Religiösen und des Privaten nicht respektiert. Die doppelte Verurteilung des Nationalsozialismus in der Enzyklika *Mit brennender Sorge* und des Kommunismus in *Divini Redemptoris* im Jahre 1937 betraf vor allem das Neuheidentum des einen und den Atheismus des anderen; sie waren beide militant und tasteten die Religionsfreiheit sowie die Rechte der Familienväter an. Die Unterdrükkung der bürgerlichen Freiheiten, die politische Gleichschaltung und selbst die Gewaltanwendung gegen die Opposition rückt an die zweite Stelle. Wie könnte es anders sein, denn die vom 18. Jahrhundert verkündeten und in der amerikanischen und französischen Erklärung der Menschenrechte ausgesprochenen Werte sind gewiß auch auf das Evangelium anzuwenden, entsprechen jedoch im großen und ganzen sehr wenig katholischer Tradition. Gewissensfreiheit und Verzicht auf Gewaltanwendung gegenüber dem Gegner gehören nicht zum Erbe der römischen Kirche.

Als die Verschleppung der römischen Juden begann, suchte sie Bischof Hudal, der Rektor der deutschen Kirche in Rom, mit aller Kraft zu schützen. Man kann die Texte, die Saul Friedländer abdruckt, nicht ohne Bewegung lesen. Derselbe Bischof schrieb aber 1937, daß »im 19. Jahrhundert die Ghettomauern zuerst vom liberalen Staat und nicht von der Kirche überall abgebaut wurden«, und er schrieb auch: »Die Grundsätze des modernen Staates, die erst durch die Französische Revolution geschaffen wurden, sind vom Standpunkt des Christentums und Volkstums nicht die besten.«[1] 1933 schloß Pius XII. das Konkordat ab, weil er glaubte, die Ausübung der Macht werde die Unterschiede zwischen Hitler und Mussolini verwischen, denn er hielt Hitler für einen getreuen Jünger Mussolinis. Sein Irrtum über das Wesen des Nationalsozialismus war schwer – hier aber kommt es darauf an, daß er den Faschismus italienischer Prägung für akzeptabel hielt.

Und weshalb sollte er das nicht gewesen sein? Die Kirche möchte sich politischen Regimes gegenüber neutral verhalten. Wenn die Trennung zwischen den Bereichen Gottes und des Kaisers einen Sinn hat, so gerade für die Organisation des Staates. Hier stimmen die Gegner der Kirche mit der päpstlichen Lehre eigentlich überein: Rom mischt sich in den Lebensprozeß der politischen Gesellschaft nicht ein. Man tadelt es vielmehr, es halte sich nicht genug zurück. Selbst manche Gläubige bestreiten ihm jegliche Kompetenz zum Einschreiten gegen das Vorgehen der Regierenden und das Verhalten der Regierten. Als allerdings am 28. März 1933 die deutschen Bischöfe das auf dem Nationalsozialismus lastende Interdikt aufhoben und den Gläubigen empfahlen, sich der legalen Autorität gegenüber loyal zu verhalten und auf jede subversive Tätigkeit zu verzichten, bestätigten sie lediglich die Entscheidung des Wählers vom 5. März und den Reichstagsbeschluß vom 23. März. Mit jeder anderen Äußerung hätten sie in den Bereich Caesars eingegriffen.

Nichtsdestoweniger stößt ihre Entscheidung außerhalb und innerhalb der Kirche auf Kritik, und zwar von seiten derselben Menschen oder derselben Kräfte, die sich als Vorkämpfer einer Trennung der beiden Bereiche fühlen. Der Widerspruch ist klar, obgleich man ihn vielleicht aus Gewohnheit nicht bemerkt, denn man verlangt, daß bestimmte Regimes eine Ausnahme bilden und von der Kirche angegriffen werden sollen. Dieser Widerspruch beruht auf einer unüberwindlichen Schwierigkeit: die Regierung der Menschen stützt sich ausdrücklich oder implizit auf bestimmte Werte oder auf die Ablehnung bestimmter Werte; die Kirche ihrerseits beruft sich nicht allein auf einen Glauben, sondern auch auf Werte, die sie in Taten umsetzen muß. Eine strenge Trennung der beiden Bereiche setzt voraus, daß diese Werte mit denen der politischen Welt nichts gemeinsam haben. Das aber ist offenbar nicht der Fall. Überschneidungen sind unvermeidbar. Aber es besteht keine Einstimmigkeit darüber, wann und wo genau man es mit einer solchen Überschneidung zu tun hat. Man kann im Gegensatz zu den damaligen deutschen Bischöfen meinen, das Hitlerregime habe bereits 1933 katholische Werte verletzt, denn Men-

1 Bischof Dr. Alois Hudal, Die Grundlagen des Nationalsozialismus. Eine ideengeschichtliche Untersuchung von katholischer Warte (Leipzig und Wien 1937) S. 75 und 88.

schen wurden verfolgt, und die Gefängnisse füllten sich. Die Kirche ihrerseits hat recht, wenn sie im Gegensatz zu vielen ihrer Gegner meint, daß die Schul- oder Ehegesetzgebung nicht weniger wichtige religiöse Werte berührt. Das Streiten über die Legitimität des Schweigens oder des Protestierens der Kirche ist unausweichlich.

Des Protestierens gegen was? Gegen diese oder jene Maßnahme der Regierenden, gegen die Regierung, gegen das Regime? Mußte man beim Nationalsozialismus gegen einzelne Maßnahmen protestieren oder mußte man den Hitlerstaat als Ganzes und seiner Natur nach verurteilen? Welche Folgen hätte das für die deutschen Katholiken gehabt? Mußte man sie zur Befehlsverweigerung und zum Aufstand aufrufen? Wir können an dieser Stelle nicht solche Fragen behandeln, die weitaus schwieriger sind, als man außerhalb der Kirche und auch innerhalb der Kirche oft behauptet.[1] Wir wollen lediglich daran erinnern, wie sehr der Respekt vor der staatlichen Autorität als Folge der Trennung der beiden Bereiche die Kirche ungeeignet macht, den Aufstand zu leiten, der eine unausweichliche Folge der gänzlichen Verurteilung gewesen wäre. Manchmal ergibt sich dadurch eine ausweglose Situation. In seinen berühmten Predigten vom Sommer 1941 erhob sich Bischof Graf Galen von Münster gegen die Macht der Gestapo und gegen die Willkürverhaftungen. Aber er betonte auch: »... Wir Christen machen keine Revolution. Wir werden wieder treu unsere Pflicht tun ... Wir kämpfen weiter gegen den äußeren Feind, gegen den Feind im Innern, der uns peinigt und schlägt, können wir nicht mit Waffen kämpfen.«

Der deutsche Klerus hat Hitlers Barbarei einen schweren Tribut entrichtet. Allein in Dachau fanden die Amerikaner 326 internierte deutsche Priester. Es waren nur die Überlebenden. Aber diejenigen Mitglieder des deutschen Widerstandes, deren politische Haltung auf ihrer katholischen Überzeugung beruhte, haben von seiten der Kirche als solcher nicht die geringste Unterstützung erhalten. Diese glaubte im Gegenteil nicht den gewaltsamen Sturz eines Regimes betreiben zu dürfen. Aber kann man ein totalitäres Regime denn anders stürzen als durch Gewalt?

1871 bekam das Papsttum die Chance, die Gebiete zu verlieren, deren Regierung aus dem Heiligen Vater einen Staatschef unter anderen machte. Seine moralische Macht wurde dadurch beträchtlich erhöht.[2] Aber selbst

1 Die neueste Untersuchung von katholischer Seite zu dieser Frage stammt von P. Heckel, Le Chrétien et le Pouvoir. Légitimité, résistance, insurrection (Paris 1962).

2 Wahrscheinlich gilt dasselbe für die Trennung von Staat und Kirche in Frankreich 1905, und eines der Unglücke der deutschen Hierarchie und des Heiligen Stuhls ist die Abhängigkeit gegenüber dem deutschen Staat gewesen, der hitlerisch geworden war.

seit diesem Zeitpunkt ist die Kirche nicht eine rein geistige Macht und kann es nicht sein, sofern man darunter eine Macht versteht, die ohne jede Organisation und ohne jeden Einfluß auf den politischen Bereich tätig ist. Die Kirche ist nicht bloß eine Organisation, sie ist aber auch eine Organisation. Aus diesem Grunde fügt sie sich in das gesellschaftliche Leben der Länder ein, in denen sie gegenwärtig ist. Wer möchte aber eine genaue Grenze zwischen dem Gesellschaftlichen und dem Politischen ziehen? Aus demselben Grund ist die Kirche im internationalen Leben gegenwärtig. Das führt zu fest umrissenen Verantwortlichkeiten für ihren Leiter.

Selbst wenn darüber hinaus den Papst die Sorge um die katholische Welt nicht beseelte, selbst wenn die Anwesenheit von Strukturen der Kirche im Leben der Völker keine Bedeutung hätte, bliebe doch fast jede Tat, jedes Wort, jedes Schweigen des Papstes politisch relevant. Denn die von ihm verteidigten Werte werden von der politischen Gesellschaft anerkannt, abgelehnt oder in Frage gestellt.

Bertrand Poirot-Delpech schreibt in *Le Monde* zusammenfassend über Hochhuths Stück: »Da Antigones Nachfolger Kreon wurde, standen neue Antigonen auf.« Wer so etwas sagt, verkennt, daß der Papst, auf dem zugleich die Verantwortung für die innere Organisation der Kirche und für die unausweichlichen politischen Folgen seines Handelns ruht, notwendig Kreon und Antigone in einer Person ist. Und es liegt auf der Hand, daß in diplomatischen Archiven mehr Kreons Sorgen als Antigones Aufschrei zum Ausdruck kommen.

Wenn man Friedländers Buch gelesen hat und sich danach die Entwicklung der Kirche seit 1945 vergegenwärtigt, wird man wohl einsehen, daß sich ein Wandel vollzogen hat: im Rahmen der päpstlichen Sorgen spielt Kreons Dialog mit anderen Kreons eine geringere Rolle als die Sorge, allenthalben Antigonen zu wecken, Christen, die weniger die besonderen Organisationsformen und Rechte des Katholizismus verteidigen als durch ihr Handeln vor den Menschen von jenen Werten Zeugnis ablegen wollen, zu deren Trägern sie ihr Glaube macht.

Schließlich sollte man, bevor man seine Schlüsse zieht und sein Urteil fällt, sich eines letzten Punktes vergewissern. Man sollte nicht der Versuchung verfallen – und Friedländer tut es gelegentlich trotz all seiner Redlichkeit –, die Ideen, das Wollen und das Verhalten eines Menschen oder einer Institution zu stark rational zu sehen. Wenn eine Situation einander widersprechende Forderungen stellt, wenn keine Lösung gut und keine Geste ohne unheilvolle Folgen ist, ist es wahrscheinlicher, daß man zögert, tastet, ungewiß ist, als daß man einer ein für allemal festgelegten Politik folgt, die klar umrissen ist und unerschütterlich durchgeführt wird.

»Pius XII. und das Dritte Reich« ist ein Beitrag zur Geschichtswissenschaft, aber ebenso ein Beitrag zum Verständnis der politischen und moralischen Wirklichkeit heute.

Paris, Dezember 1964

Gegen Erpressung hilft nur die Wahrheit

Evangelische Kommentare: Anders als zu Cäsars Zeiten ist Gallien gegenwärtig nicht in drei, sondern in zwei Teile geteilt. Wie ist unter solcher Voraussetzung ein Land regierbar?

Professor Dr. Alfred Grosser: Ich bin da nicht Ihrer Meinung. Die Vereinigten Staaten sind ja auch nicht zweigeteilt, weil es für die Präsidentschaft nur zwei Kandidaten gibt. Die Erfahrungen, die man in Deutschland mit der Verfassung von Weimar gemacht hat, haben die Franzosen veranlaßt, ein Wahlsystem für die Präsidentschaftswahlen festzulegen, das im zweiten Wahlgang eben nur zwei Kandidaten aufweist. In diesem Sinne ist Frankreich in der zweiten Runde zweigeteilt. Aber abgründig ist der Gegensatz gewiß nicht!

Kommentare: Trotzdem trifft doch wohl zu, daß in Frankreich zwei sehr verschiedenartige Erwartungshaltungen deutlich geworden sind. Wird es dann nicht sehr schwer, eine Politik im gemeinsamen Interesse durchzuführen?

Grosser: Das trifft gewiß zu, obwohl beide Kandidaten dieselben Versprechungen gemacht haben, weil sie ja dasselbe marginale Publikum in den letzten Tagen vor den Wahlen ansprechen wollten. Gleichgültig, wie die endgültige Entscheidung ausgefallen ist, der unterlegene Kandidat kann den Sieger zur Einhaltung seiner Wahlversprechungen auffordern. In der technischen Form haben sich die Wahlversprechen im großen und ganzen sehr geähnelt. Allerdings die Philosophie der Versprechungen war sehr verschieden.

Kommentare: Aber darin wird doch deutlich, daß zwei sehr verschiedenartige Interessenlagen den beiden Lagern zu Grunde liegen. Meinen Sie nicht, daß von daher erhebliche Beunruhigungen zu erwarten sind?

Grosser: Ich bin dessen nicht so sicher. Die sozialen Beunruhigungen, die wahrscheinlich im Herbst in Frankreich eintreten werden, werden von den Maßnahmen zur Bekämpfung der Inflation herrühren. Nun nicht der Inflation schlechthin, sondern es geht um die klare Antwort auf die Frage: Wo sollen die ungefähr ein bis zwei Prozent des Nationalprodukts, um die sich die Ölimporte verteuert haben, eingespart werden? Natürlich gibt es auch schon jetzt eine eher ideologische Reaktion, vor allem bei einigen Gewerkschaftsführern. Insgesamt aber ist bei dieser Wahl für mich das Wichtigste der Grad an Konsensus, der sich gezeigt hat. Beide Seiten sind brav demokratisch-liberal gewesen, der eine mit sozialistischen Betonungen, der andere mit mehr konservativen Richtungen.

Aber die Legitimität der – um einmal bundesdeutsch zu reden – freiheitlich-demokratischen Grundordnung ist in Frankreich seit Jahrzehnten nicht mehr so groß gewesen.

Kommentare: Steht aber nicht auch Frankreich – wie übrigens alle Regierungen in den westlichen Industriestaaten – vor dem Dilemma, einerseits in einer pragmatisch-technologischen Weise den akuten Problemen begegnen zu müssen, und andererseits werden tiefgreifende Strukturänderungen erwartet und auch notwendig, um den verschärften Anforderungen in der Struktur der Weltwirtschaft gerecht zu werden?

Grosser: Diese Strukturveränderungen sind nötig, wenn sie wirklich erwartet werden. Um aber ein französisches Beispiel zu nennen, die Lehrergewerkschaften – und das sind immerhin einige Hunderttausende – fordern dauernd Strukturveränderungen und erwarten sie im Grunde nicht. Der Erziehungsminister des gegenwärtigen Kabinetts etwa ist bei weitem strukturell und pädagogisch fortschrittlicher als die Lehrerverbände, die aber diese Regierung als konservativ bekämpfen. Mehr als in der Bundesrepublik wird in Frankreich die Divergenz zwischen linksideologischen Parolen und einem stur konservativen Betragen der großen Verbände deutlich.

Kommentare: Die neue Bundesregierung sieht sich vor einem ähnlichen Dilemma: Einerseits entspricht wohl ihre jetzige Taktik einigermaßen dem breiten Bevölkerungswillen, auf der anderen Seite ist auch ihr deutlich, daß diese vordergründigen Erwartungen der größeren Einsicht widersprechen. Gilt auf dem Hintergrund dieser Erscheinung nicht doch, daß – mit einem Wort von Willy Brandt – die Länder schwerer regierbar geworden sind?

Grosser: Die Erkenntnis dieses Dilemmas und die Konsequenzen, die man daraus zieht, hängen natürlich von der Grunddisposition der jeweiligen Regierungsspitze ab. Der neue französische Präsident ist wahrscheinlich grundsätzlich konservativer als die Regierungsspitze in der Bundesrepublik. Er glaubt nicht, daß vieles strukturell grundsätzlich zu verändern sei. Seine persönliche politische Philosophie liegt darin, das Bestehende nur leicht zu verändern. Er kommt schließlich weitgehend von der Wirtschaftspolitik her, und die Zahlen geben seiner Überzeugung recht, daß Frankreich sich in den letzten zwanzig Jahren so sehr positiv entwickelt hat, daß die Gefahr, durch Experimente diese Entwicklung zu stoppen, größer ist als die Chance, etwas grundsätzlich zum Besseren zu verändern.

Kommentare: Hat diese Entwicklung in Frankreich nicht aber auch zu großen sozialen Ungerechtigkeiten geführt?

Grosser: Sicher ist die Schere zwischen hohen und kleinen Löhnen skandalös. Der Skandal liegt aber besonders in der Kluft zwischen Nichtlohnempfängern, die über ein großes Einkommen verfügen, und den Lohnempfängern insgesamt. Das französische Steuersystem ist ungerecht, weil es im Vergleich mit Skandinavien oder Deutschland die hohen Einkommen nicht genügend besteuert. Das französische Problem aber der Nichtbesteuerung von Einnahmen aus Industrie und Landwirtschaft sieht für Giscard d'Estaing nur wie ein Steuerproblem aus, das auf die eine oder andere Weise gelöst werden kann. Für seine politischen Gegner liegt darin aber ein Problem der Gerechtigkeit, ähnlich wie bei der Frage nach der Bestrafung von Wirtschaftsdelikten. Meiner Ansicht nach hatte die Linke im Wahlkampf völlig recht, wenn sie diesen Zusammenhang von Steuergerechtigkeit und Kriminalrecht herstellte.

Kommentare: Gilt Ihre optimistische Einschätzung der französischen Lage auch für die parlamentarischen Demokratien insgesamt? Ist es nicht so, daß der Wähler in zunehmendem Maße nicht mehr bereit ist, auf dem Weg über die repräsentative Demokratie Entscheidungen zu fordern und zu verantworten, die unter Umständen ihm selbst Opfer auferlegen? Durch eine solche Entwicklung aber geriete doch die Demokratie in ein schweres Dilemma, weil sie nicht mehr mit der Vernunft der Wählerschaft, die sich durch ein Mehrheitsvotum äußert, rechnen kann.

Grosser: Ich habe nur die Lage in Frankreich heute positiv beurteilt, vor allen Dingen im Vergleich zur französischen Vergangenheit. Natürlich glaube auch ich, daß es in differenzierten Gesellschaften mit ihren Systemen von Gewichten und Gegengewichten sehr schwer ist, zu regieren. Was aber die Entscheidungen angeht, die von diesen Regierungen getroffen werden, so bin ich pessimistisch. Willy Brandt, Heath und Pompidou standen alle vor der Frage, die Sie formuliert haben; sie haben eine bestimmte Entscheidung getroffen und sind daran gescheitert. Hätten alle drei beispielsweise im letzten Herbst der Bevölkerung gesagt, daß angesichts der Lage nach der Ölkrise die Zeit für drastische Maßnahmen bis hin zu einem Tempolimit von siebzig Stundenkilometern gekommen sei, so wären die Bevölkerungen begeistert gefolgt. Sie waren bereit; das haben alle Untersuchungen gezeigt. Aber die Regierenden in den drei Ländern haben aus Angst vor der Reaktion auf energische Maßnahmen den Zeitpunkt vergehen lassen. Ich möchte sagen, die Regierenden haben schlecht regiert.

Kommentare: Sie sind also der Meinung, daß es, wenn Demokratie funktionsfähig bleiben soll, darauf ankommt, daß die Regierenden dem Volk die volle Wahrheit zumuten?

Grosser: Das ist meine ideologische und daher auch meine politische Überzeugung. Das ist etwa auch der Grund dafür, daß ein Mann wie Mendés-France durch seinen Stil, die Unterstützung durch die Wahrheit zu erreichen, so dauerhaft in der politischen Erinnerung geblieben ist. Die Unaufrichtigkeit hilft nur der Minderheit, denn man setzt sich dem Druck jener aus, die sagen, ihr könnt ja nicht wagen, die Wahrheit zu sagen, sonst geht es euch schlecht. Um das ins Bundesrepublikanische zu übersetzen: Die Macht von Franz Josef Strauß wäre geringer, wenn die verschiedenen Kanzler zu den Problemen offen gesprochen hätten.

Kommentare: Nun, eine der Wahrheiten in der gegenwärtigen Situation ist die, daß im Bereich der Ökonomie keine Entscheidung mehr allein mit nationalen Mitteln fallen kann. Sind Sie der Meinung, daß die neuen Regierungschefs in der Bundesrepublik und Frankreich auf diesem Sektor willens sind, diese unbequeme Wahrheit zu sagen?

Grosser: In seiner Regierungserklärung vom 5. Juni hat der neue Premierminister Chirac auf diese Notwendigkeit einer europäischen Politik hingewiesen und zugleich das Gegenteil gefordert. Er hat einerseits gesagt, es gebe keine Außenpolitik mehr auf europäischem Gebiet, sondern nur eine Art europäischer Innenpolitik. Und zugleich hat er festgestellt, daß das Hauptziel der französischen Außenpolitik die absolute Unabhängigkeit Frankreichs sein soll. Darin liegt natürlich ein totaler Widerspruch. Diese Taktik, doppelgleisig zu fahren, ist nun nicht einmal ein Akt der Überzeugung, sondern resultiert nur aus dem politischen Kalkül, die Stimmen des gaullistischen Lagers zu behalten. Und solche Überlegungen halte ich für falsch. Den Baum der Erpressung durch die kleinere Gruppe bricht man nur, indem man die gesamte Wahrheit sagt. Und die Wahrheit ist eben, daß es in Europa keine Außenpolitik in diesem Sinne mehr gibt.

Kommentare: Nimmt aber nicht in Europa wieder die Neigung zur Desintegration in Nationalstaaten zu? Gibt es überhaupt noch ein übergreifendes Interesse, das dieser Entwicklung entgegenwirken kann?

Grosser: Der Hauptgrund für diese Auflösung liegt meiner Meinung nach in einer völlig falschen Einschätzung von dem, was ein geeintes Europa bieten kann. Nehmen wir das englische Beispiel, weil es das krasseste ist. In England ist die Frage nach dem Beitritt zur Europäischen Gemeinschaft immer auf dem Hintergrund der Frage verstanden worden, was der Beitritt für England bringt. Die Labour-Party behauptete, er bringe wenig, und die Konservativen sagen, er bringe viel. Spieltheoretisch gesprochen verfuhr man wie in einem Null-Summen-Spiel, das heißt, der Vorteil des einen ist der Nachteil des anderen. Daß Europa allen mehr bringt, wenn es einmal besteht, ist eine Idee, die sich beispielsweise in

England noch kaum durchgesetzt hat und in Frankreich nur sehr langsam. Bleibt man beim traditionellen Aushandeln von Konzessionen und Gegenkonzessionen, dann ist Europa wirklich sehr krank. Zur Zeit der römischen Verträge war Europa eine Gemeinschaft von Verhandelnden. Man war sich einig über das, was man gemeinsam wollte. Und die Kompromisse wurden mit der Absicht ausgehandelt, in den nationalen Parlamenten Argumente für den gemeinsamen Beschluß zur Verfügung zu haben. Unter de Gaulle hat eine Rückveränderung eingesetzt. Man verhandelt nur noch, um für seinen Nationalstaat einen Vorteil zu erreichen. Wenn wir aber nicht zu dieser Gemeinsamkeit zurückkehren, dann ist nichts mehr zu machen. Das heißt nicht, daß man denselben Standpunkt in allen Fragen teilen muß. Aber man muß sich dessen bewußt sein, daß man als Gemeinschaft mehr ist, als die Summe der Teilnehmer.

Kommentare: Spektakuläre Wandlungen kommen im Grunde doch nur dadurch zustande, daß eine gemeinsame Herausforderung real erfahren wird. Gibt es nun gegenwärtig eine Herausforderung, die die Neun zu gemeinsamem Handeln veranlassen kann, oder ist es nicht so, daß jeder nur sagt: Rette sich wer kann?

Grosser: Der Aachener Karls-Preis hätte bei Gründung der EG Josef Stalin verliehen werden müssen. Die militärische Bedrohung durch das Rußland Stalins war so deutlich, daß die gemeinsame Antwort problemlos war. Im letzten Herbst hätte man denken können, daß die Ölländer die Rolle von Stalin spielen. Aber es hat weitgehend die Illusion geherrscht, daß es einen nationalen Weg aus der Ölkrise geben könne. Diese Illusion ist dabei, zerstört zu werden. Man entdeckt, daß etwa die deutsche und französische Konjunktur so sehr voneinander abhängen, daß es gar nicht so sehr darauf ankommt, ob die Deutschen ein bißchen mehr Öl bekommen oder die Franzosen. Wenn sie als Summe zu wenig bekommen, müssen beide Konjunkturen gebremst werden. Dieser Lernprozeß ist aber noch nicht vollständig vollzogen.

Kommentare: Ein Problem der Beziehungen zwischen den europäischen Staaten besteht doch auch darin, daß das liberale Modell von Demokratie einen dauernd wachsenden Wohlstand als Ziel und Anreiz voraussetzt. Gegenwärtig wird aber eine Umorientierung auf andere Wertvorstellungen nötig, da dieses regelmäßige Wachstum nicht mehr garantiert ist.

Grosser: Gewiß, und deshalb kommt alles darauf an, wie Politik gemacht wird. Deshalb erschien mir auch das Gesamtprojekt Mitterrands besser zu sein als das von Giscard. Wenn höheres Lebensniveau sich nur an der Lohnskala messen läßt, dann ist die Lage verzweifelt. Bei steigenden Energiekosten und fortschreitender Inflation können die Löhne nicht in demselben Maße steigen. Heißt das aber, daß damit das Lebensniveau sinken muß? Und da ist die Frage: Was ist Lebensniveau? Ein französisches Beispiel: Wenn der Bewohner eines Vorortes einen höheren Lohn bekommt, so kann er damit herzlich wenig machen. Zwei neue Autobuslinien kosten weniger als die Lohnerhöhung, würden aber bestimmt von dem Vorortbewohner als eine Lebensverbesserung empfunden. Dasselbe gilt etwa für Spielplätze, für Kindergärten. Und das Programm Mitterrands sagte in diesem Punkt völlig zu Recht, Lebensverbesserungen sind bis jetzt gesehen worden als das, was man sich mit einem höheren Lohn kauft, und nicht als Investitionen für Kollektivgüter.

Kommentare: Eine wichtige Voraussetzung für das Funktionieren einer Demokratie liegt darin, daß es einen gewissen Konsensus über die Werte gibt, auf deren Hintergrund man gemeinsame Entscheidungen trifft. Wo würden Sie in dieser Frage die Akzente setzen?

Grosser: In Frankreich hat das Problem der Freiheit eine große Rolle gespielt, denn wir waren auf dem Wege, langsam aber deutlich Freiheiten abzubauen. Hier hat es bei beiden Parteigruppierungen einen Konsens gegeben und keinen Streit. Darüber hinaus ist die französische Gesellschaftsideologie – ich sage nicht: Wirklichkeit – mehr linksorientiert als die deutsche. Was ein Premierminister wie Chirac in seiner Regierungserklärung über das Unbefriedigende in der Gesellschaft gesagt hat, das würde ihn in der Bundesrepublik irgendwo zwischen Jusos und Helmut Schmidt einordnen. Es gibt in Frankreich eine gemeinsame Wertskala, nämlich die Ungerechtigkeiten der Gesellschaft zu beseitigen und die Vorzüge der Gesellschaft zu übergehen, weil sie als ein für allemal gegeben dastehen. Was man sich gegenseitig vorwirft, ist nur die Wahl der Mittel. Die Unsicherheit über die Werte, die Diskussion über die Wertskala ist aber gegenwärtig vor allem auf der Linken noch keineswegs ausgetragen. Gerade die Frage, was ist private Freiheit und was darf die Gemeinschaft fordern, führt für einen sozialistischen Standpunkt in einen Widerspruch. Auf konservativer Seite dagegen ist nicht klar, welche Art von Gemeinschaft gemeint ist, wenn man radikale individuelle Freiheit aus guten Gründen eingrenzen muß. Gerade in dieser Frage nach der Freiheit wird auch die Grundschwierigkeit einer liberalistischen Konzeption deutlich: Solange es darum geht, Freiheiten zu erringen, gibt es kein Problem. Erst wenn die Freiheiten vorhanden sind und es darauf ankommt, sie zu begrenzen, entstehen die Schwierigkeiten.

Kommentare: Neben der Frage nach den Grundwerten stellt sich in den parlamentarischen Demokratien zunehmend die Frage, wer denn in einem repräsentativen System für die Zukunft eintritt. Die Planungsmöglichkeiten und -notwendigkeiten nehmen beständig zu; gleichzeitig aber wird immer deutlicher, daß langfristige Vorstellungen nur mit Schwierigkeiten in die politische Entscheidung einzubeziehen sind.

Grosser: Diese Schwierigkeit ist eins der Motive für die Entmachtung der Parlamente. Je besser regiert wird, desto weniger können die Parlamente mitreden. Wenn jedes Jahr der Haushalt erneut in Frage gestellt würde, wäre eine gute Verwaltung unmöglich. Wenn man aber auf fünf Jahre vorplanen muß – was ein Minimum bedeutet, um heute wirklich etwas aufbauen zu können –, wo bleibt dann die Macht des Parlaments? In diesem Punkte würde ich für die Entmachtung des Parlaments votieren. Es bedeutet eine große Versuchung, brillant für zehn oder zwanzig Jahre im voraus zu planen. Eine Versuchung vor allem für junge Planungsfachleute. Aber für einen hohen Prozentsatz der Bevölkerung wird das Leben innerhalb der nächsten zehn Jahre aufhören. Für diese älteren Teile der Bevölkerung wird nichts getan. Die Zukunftspläne betreffen sie nicht mehr. Das deutsche wie das französische Parlament tut das bisher viel zu wenig, nämlich hier und jetzt einzutreten und aktuelle Probleme zu lösen. Gerade hier aber ergibt sich eine Art von Spielverteilung. Das Parlament sagt Ja zu einem Regierungsprogramm mit langfristigen Investitionen und muß dann auch in seiner Gesetzgebung Amen dazu sagen. Jahr für Jahr aber muß zugleich streng kontrolliert werden, was für die verschiedenen Gesellschaftsschichten getan werden muß.

Kommentare: Hieße diese Spielverteilung nicht, doch einem technokratischen Regime das Wort zu reden, das trotz aller Beziehung zum gewählten Parlament eine gewisse Eigendynamik besitzt?

Grosser: Gewiß, aber das ist angesichts der politischen Wirklichkeit auch eine realistische Einstellung. Was kann denn heute etwa der Bundestag am Haushalt ändern? Doch nur vier bis fünf Prozent der Geldmasse, alles andere ist schon verplant, ausgegeben, unveränderbar. Erst wenn das klar ist, erst wenn man das akzeptiert hat, kann man Einsicht gewinnen, wo die neuen Aufgaben der Parlamente liegen. Die Unzufriedenheit innerhalb der Parlamente rührt doch gegenwärtig daher, daß man so tut, als hätte man dieselben Aufgaben wie vor einem halben Jahrhundert. An die Untersuchung, welche neuen Aufgaben aber tatsächlich vorliegen, wagt man sich nicht, denn das hieße, auf einige traditionelle Bereiche verzichten zu müssen.

Kommentare: Verzichten aber die Parlamente auf die längerfristige Planungskompetenz, liefern sie sich dann nicht hilflos den Zielvorstellungen aus, nach denen die Planer verfahren? Sind die Parlamente dann überhaupt noch in der Lage, wirksam Gegenpositionen zu entwickeln?

Grosser: Diese Frage ist natürlich völlig berechtigt. Technokraten neigen dazu, fragt man sie, in wessen Namen sie planen, diese Frage als unzulässig zurückzuweisen. Solche Grundsatzfragen sind danach nicht wichtig für die politische Handlung. Darin liegt eine außerordentliche Gefahr. Eines der Mittel, dieser Tendenz zu begegnen oder sie zumindest zu begrenzen, ist eine Veränderung im Ausbildungsgang eben der Planer. In Frankreich haben beispielsweise die Schüler der *Ecole d'Administration* bisher keine praktische Ausbildung. Ihre einzige sozusagen Referendarzeit machen sie schon auf hoher Ebene: bei einem Botschafter, bei einem Präfekten. Sie müßten aber einmal ein halbes Jahr als Steuereinzieher in ein Dorf oder als Postbeamte in eine Kleinstadt, um im direkten Kontakt mit dem Publikum erst einmal die Sprache zu lernen, in der sich der normalen Bevölkerung die Probleme stellen, und um überhaupt diese Probleme kennen zu lernen. Sonst geraten sie in die Lage der traditionellen Kirche, die wußte, wo das Gute für die Menschen lag. Das aber ist eine völlig undemokratische Grundeinstellung. Sie meinen zu wissen, was für die anderen gut ist, und – was noch viel schlimmer ist – was für deren Zukunft gut ist.

Kommentare: In der Frage nach den Werten und nach der Zukunft sind ja auch die Kirchen aufgerufen, ihre Vorstellungen zu entwickeln. Erwarten Sie von dieser Seite, nachdem Sie sich selbst als einen Ungläubigen bezeichnen, einen effizienten Beitrag?

Grosser: Grundsätzlich erwarte ich ihn. Aber wenn Sie von »den Kirchen« sprechen, muß ich scharf unterscheiden. So ist mir das Verhalten der deutschen katholischen Kirche einfach unverständlich. Warum ist sie die einzige in Westeuropa, die sich zurückentwickelt? In Frankreich kann man dem Episkopat den Vorwurf machen, er hätte zwar nicht offiziell in den Wahlkampf eingegriffen, aber dennoch indirekt eingegriffen, indem er als christliche Gesellschaftswerte nur Probleme herausgestrichen hat, die auf dem Programm der Linken standen. Beispielsweise ist das Problem der Abtreibung, obwohl es als Gesetz in unserem Parlament liegt, von keinem Bischof im Wahlkampf erwähnt worden. Die Bundesrepublik ist im Augenblick, Spanien inbegriffen, ungefähr das einzige Land mit einer starken katholischen Kirche, in dem sich diese Kirche rückwärts entwickelt und als Zentrum ihrer politischen Forderungen etwas Privates ansieht.

Kommentare: Was aber kann das spezifisch Christliche sein, das ihren Beitrag zur Lösung der politischen Fragen ausmacht?

Grosser: Was ich von den Kirchen erwarte, ist, daß sie konsequenter mit sich selbst sind. Noch mehr als in der Bundesrepublik ist in Frankreich das Pendel nach der anderen Seite ausgeschlagen. Jahrhundertelang war der Christ derjenige, der nach innen blickt, und nun gilt nahezu, daß nur der Christ ist, der auf die gesellschaftliche Veränderung ohne jede Transzenden blickt. Darin aber kommen die Christen immer zu kurz. Sie kommen später als diejenigen, die das sowieso schon immer gesagt haben. Diese Abkehr der Kirche von eigentlich Christlichem ist etwas, was ich mit Verblüffung wahrnehme. Zudem ist es nicht notwendig, daß die Entdekkung der sozialen Ungerechtigkeit mit einer völligen Absage an die Transzendenz im Christlichen zusammengeht.

Dieses Gespräch mit Professor Dr. Alfred Grosser führten Jens Fischer und Eberhard Stammler am 6. Juni 1974 in Köln.

Versagen die Mittler?

Was Deutschland und Frankreich voneinander wissen

Es geht nicht nur um die deutsch-französischen Beziehungen. Das Problem des Unwissens, der Klischeevorstellungen und der Fehlbeurteilungen besteht zwischen der Bundesrepublik und jedem anderen Land, zwischen Frankreich und jedem anderen Land. Die Frage nach der Zielsetzung der Kulturarbeit des Auswärtigen Amts oder der Goethe-Institute betrifft nicht nur Frankreich. Die Darstellung der politischen Gegenwart der anderen im französischen Fernsehen betrifft nicht nur Deutschland. Doch darf man getrost die deutsch-französischen Beziehungen auf diesem Gebiet als mindestens ebenso »exemplarisch« ansehen wie das Geschehen auf der eigentlichen außenpolitischen Regierungsebene. Exemplarisch, weil vieles Gelungene verallgemeinert werden sollte. Exemplarisch aber auch, weil eine Reihe von Mängeln als Beispiel für allgemeine Mißstände gelten muß.

Es ist klar, daß es ohne den Zwang des kalten Krieges, ohne Robert Schumanns Europa-Politik und ohne die Freundschaft zwischen de Gaulle und Adenauer um die deutsch-französischen Beziehungen schlechter stehen würde. Aber man sollte auch die Tragweite der Kontaktarbeit nicht unterschätzen, die bereits im Herbst 1945 begonnen hat. Aus ihr ist gewissermaßen eine menschliche Infrastruktur der politischen Beziehungen entstanden, ohne die diese nicht ganz verständlich wären.

Diese Arbeit war nur eine »Kulturarbeit«, wenn man das Wort Kultur so deutet, wie es die Träger dieser Aufklärungsbemühungen in den zehn ersten Nachkriegsjahren getan haben. Die Neuerung im Vergleich zur Vergangenheit (und auch mit dem Kulturaustausch mit anderen Ländern, der zur gleichen Zeit stattfand) war eine dreifache:

1. Die Erweiterung des angesprochenen Publikums. Es ging nicht mehr darum, nur die sogenannte geistige Elite anzusprechen, die sich ja auf eine begrenzte gesellschaftliche Schicht von Privilegierten beschränkte – Privilegierte, die oft sehr am Rande des politischen Geschehens standen. Nun galt es, die »Multiplikatoren« auf allen Gebieten des geistigen, sozialen, wirtschaftlichen, politischen Lebens beider Länder einzubeziehen und sich dabei ganz gewiß nicht auf die zu beschränken, die die Sprache des Nachbarlandes kannten. Französisch konnten zum Beispiel in Deutschland viele vornehme Leute – aber die im allgemeinen jungen Männer und Frauen, die Deutschland eine neue Gestalt geben wollten, waren eben nicht vornehm.

2. Die Erweiterung des Begriffes »Kultur«. Kultur, das sollten nicht mehr ausschließlich schöngeistige Produkte der Vergangenheit sein. Zur Kultur hatte nun auch die Kenntnis der jüngsten Vergangenheit und der Gegenwart zu gehören, mit allen ihren Elementen, von der Tagespolitik bis zu der Vorstellung, die jeder von seinem Leben und seiner Zukunft hat. Im Sinne eines echten Verstehens des Nachbarn ging es ja nicht darum, daß der Franzose Bach liebe und der Deutsche Molière. Für das angestrebte Resultat war das Erscheinen in der französischen Presse von einem Artikel über das Schicksal der Vertriebenen wichtiger als zehn Übersetzungen von Goethe und Schiller.

3. Immer mit doppelter Zunge. Kulturpropaganda war nicht am Platz. Es galt zwar, in jedem der beiden Länder das Beste aus dem anderen bekanntzumachen. Aber das Schwergewicht lag bei dem systematischen Gegen-den-Strom-Wirken. Das führte dazu, daß die Träger dieser Arbeit je nach Publikum eine andere Sprache sprachen. Die Franzosen mußten zwar auf das tragische Schicksal der Vertriebenen hingewiesen werden, aber den Landsmannschaften gegenüber mußte unbedingt hervorgehoben werden, wie Frankreich vier Jahre lang ausgeplündert worden ist – und welches Blutbad Polen von deutschen Händen erlitten hatte.

Über das Erreichte kann gestritten werden. Über die Richtigkeit der Grundeinstellung, die in diesen drei Punkten zum Ausdruck kommt, dürfte doch Einstimmigkeit herrschen.

Wenn das zutrifft, so verliert eine an sich richtige Feststellung sehr an Bedeutung, nämlich, daß jene Zeiten vorbei sind und daß mehrere Generationen herangewachsen sind, für die normale deutsch-französische Beziehungen eine Selbstverständlichkeit sind. Natürlich stimmt das, und nichts ist steriler als der Veteranen-Geist, der sich von dem Gestrigen nicht loslösen kann. Aber keiner der drei Punkte ist notwendigerweise mit einer bestimmten Zeit verknüpft. So verschmolzen sind die Gesellschaften beiderseits der Grenze nicht, daß Mittler nicht mehr gebraucht würden. Und wenn man Mittler braucht, so erfüllen sie ihre Rolle nur, wenn sie die gleichen drei Punkte berücksichtigen. Ist dem aber so?

Es ist möglich, jemandem ein Land zu erklären, dessen Sprache er nicht kennt. Er wird es jedoch leichter kennenlernen, wenn er diese Fremdsprache spricht. Vorausgesetzt, die erlernte Sprache entspricht der wirklich gesprochenen. Vorausgesetzt auch, der Sprachunterricht versucht gleichzeitig Wort und Sinn der Gegenwart zu vermitteln.

Leider ist es sehr zu bezweifeln, ob diese Voraussetzungen erfüllt sind. Die Germanisten in Frankreich und die Romanisten in Deutschland sollten Mittler sein. Sie sind es im allgemeinen nicht. Noch nicht einmal auf der reinen sprachlichen Ebene. Wenn sich sein Deutsch oder sein Französich auf das an der Universität erlernte beschränkt, so ist der junge französische Germanist, der junge deutsche Romanist außerstande, eine Gewerkschafter-Diskussion oder eine Währungsdebatte zu übersetzen.

Auf dem Gebiet des Inhaltlichen sollte man doch erwarten dürfen, daß der Deutschlehrer am französischen Gymnasium, der Französischlehrer am deutschen *der* Mann in der Stadt sei, der seinen Kollegen, seinen Schülern und deren Eltern die Bedeutung der letzten oder der nahe bevorstehenden Wahl im Nachbarland erklären kann. Man sollte es aber lieber im allgemeinen nicht erwarten, um nicht allzusehr enttäuscht zu werden. Wenn der Lehrer die Gegenwart kennt, so weil er sich als Autodidakt selbst gebildet hat, manchmal mit Hilfe der mitunter recht guten Handbücher, die er zum Unterricht verwendet. Denn am Institut d'Allemand oder im Romanischen Seminar wird er wenig von der Gesellschaft der Gegenwart gehört haben. Allerdings ist hier die Lage in Frankreich bei weitem besser als in der Bundesrepublik. Es gibt in der französischen Germanistik eine solide Tradition des Zeit- und Gesellschaftlichnahen. Sie war und bleibt zwar eine Minderheitsströmung, aber die Deutung des Begriffs »civilisation allemande« im Sinne einer Globalauffassung, die weitgehend gegenwartsbezogen ist, verbreitet sich immer mehr.

Romanistik ohne Landeskunde

Wenn man nun betrachtet, was im Wintersemester 1972/73 an den deutschen Universitäten geboten oder vielmehr nicht geboten wird, so kann man sich fragen, ob die deutsche Romanistik weiterhin den Begriff »Philologie« als einen Deckmantel für Wirklichkeitsfremdheit benutzen wird. In Erlangen, Göttingen, Hamburg, Heidelberg, Saarbrücken gibt es bei den Romanisten überhaupt nichts, was als »Landeskunde« bezeichnet werden könnte. Anderswo sieht es nicht viel besser aus.

Nicht daß niemand dagegen kämpfte. Die Empfehlung, die das Nürnberger Internationale Kolloquium über Landes- und Kulturkunde letzten Oktober angenommen hat, war deutlich genug. Im Mai hatten die Teilnehmer an einem deutsch-französischen Seminar über Frankreich-Kunde klar gesagt: »In der Bundesrepublik ist, ähnlich wie in Frankreich, ein starkes Interesse der Philologiestudenten an sozialwissenschaftlicher Fragestellung und historisch-gesellschaftlicher Thematik zu verzeichnen.« Mit einem klaren Ja antworteten sie auf die Frage: »Ist französische Landeskunde als Lehr- und Forschungsbereich der Romanistik sinnvoll und notwendig?«

Aber bisher gibt es keinen Romanisten, der über Frankreich etwas auszusagen hätte, was sich mit der Produktion des Historikers und Politologen Gilbert Ziebura und seiner Schüler vergleichen ließe. Das Schlimmste ist, daß alles getan wird, um einem solchen Romanisten von vornherein den Weg zu versperren. Das Verfahren ist einwandfrei: Man stellt zu Recht fest, daß man keinen Lehrkörper hat, der genügend historisch und soziologisch ausgebildet ist, um Landeskunde zu unterrichten. Also sagt man, es wäre Dilettantismus, wenn die Landeskunde von Romanisten unterrichtet würde – was ein doppelter Trugschluß ist. Denn einerseits kann ein Dozent, der es wirklich will, sich weitgehend selbst ausbilden. Und andererseits wird es natürlich nie kompetente Romanisten geben, wenn der Student der Romanistik im voraus weiß, daß er es akademisch nie zu etwas bringen wird, wenn er den Gaullismus zum Stoff seiner Doktorarbeit macht und nicht die Auffassung der Natur der späten französischen Frühromantik, gesetzt, er findet überhaupt einen Doktorvater für ein so unwesentliches Thema wie den Mann, der ja nur das Schicksal seiner Landsleute und nicht die Versform beeinflußt hat!

Leider muß hier hinzugefügt werden, daß die Lage in Frankreich nicht viel anders ist: Die Karriere des jungen Germanisten, der sich lieber mit dem deutschen Widerstand gegen Hitler als mit Grimmelshausen befaßt, ist immer noch sehr unsicher. Immerhin gibt es jedoch in Frankreich drei Zeitschriften, die sich ausschließlich mit dem Deutschland von heute oder der jüngsten Vergangenheit befassen. Wo sind die entsprechenden deutschen Zeitschriften über Frankreich?

Es stimmt natürlich, daß ein zeitgeschichtlich interessierter Historiker mindestens ebensogut über die französische Nachkriegsgeschichte arbeiten kann wie ein nicht nur philologisch ausgebildeter Romanist. Aber der Historiker wird immer seltener vorhanden sein – weil immer weniger deutsche Geistes- und Sozialwissenschaftler Französisch können. Sie können – wenn überhaupt eine Fremdsprache – Englisch wie ihre französischen Kollegen. Warum so wenige französische Deutschland-Spezialisten, wenn sie auch zahlreicher sind als die deutschen Frankreich-Spezialisten? Weil die Historiker, Soziologen, Politologen, die sich für das Deutschland der letzten Jahrzehnte interessieren, im allgemeinen kein Deutsch können, während die Germanisten sich nicht für dieses Deutschland interessieren (oder es nicht für ihre akademische Laufbahn verwerten können).

Es geht nicht darum, die Literatur und die Vergangenheit auszuschalten, sondern sich bewußt zu machen, daß das, was die Schüler interessiert und was glücklicherweise zugleich vom Gesichtspunkt der internationalen Aufklärungsarbeit am nützlichsten ist, eben die Erklärung der Gegenwart ist, die ja ohne Bezug auf die Vergangenheit und ohne Einbeziehung des Geistigen furchtbar unvollkommen bleibt[1].

Es muß aber hinzugefügt werden, was die Dinge nicht einfacher macht, daß man über ein anderes Land nur dann richtig aufklären kann, wenn man das eigene einigermaßen kennt. Und das haben der junge deutsche Romanist und der junge französische Germanist nun auch nicht gelernt. Daher, neben vieler wertvoller und nützlicher Arbeit, das Scheitern so vieler deutscher Assistenten und Lektoren in Frankreich, französischer Assistenten und Lektoren in Deutschland, wenn ihnen von Gymnasiasten oder Studenten Fragen über Gesellschaft, Geschichte und Politik ihres Heimatlandes gestellt werden.

Die Klage über das Versagen von Presse, Funk und Fernsehen als Aufklärer über die Gesellschaft, insbesondere die Gesellschaft fremder Länder, ist teilweise berechtigt. Aber sie sollte nie ohne Gewissensbisse von all denen angefacht werden, die mitverantwortlich dafür sind, daß die Schule, das Gymnasium und die Universität es unterlassen haben, informierte und anspruchsvolle Leser, Hörer, Zuschauer heranzubilden. Das gilt unter anderem für die Aufklärung über das Nachbarland. Sollte nicht zuletzt die Schule das Interesse für die Umwelt stärken? Sollte sie nicht kritisch zeigen, wie Zeitungen und Funk gut oder schlecht, ehrlich oder »manipulierend« berichten können?

Auf dem Gebiet der deutsch-französischen Beziehungen gäbe es da vieles zu sagen – aber nur, wenn man von der richtigen Voraussetzung ausgeht, nämlich daß das meiste wenig mit der Einstellung zum anderen Land zu tun hat, sondern von tiefer liegenden geistigen Dispositionen abgeleitet werden muß. So zum Beispiel die unwahrscheinlich geringe Zahl der französischen Pressekorrespondenten in Bonn, die Armut der französischen Zeitungen und vor allem die allgemeine Uninteressiertheit am Ausland schlechthin, der mit den ersten Schulbüchern genährte Frankozentrismus sind dafür mehr verantwortlich als irgendeine spezifische Ablehnung Deutschland gegenüber. Und es gibt viele deutsche Korrespondenten in Paris, weil Niederlage und Abhängigkeit die Deutschen ohne besonderen Verdienst ihrerseits gelehrt haben, wie wichtig das Ausland ist – was übrigens eine neue, immer stärkere Selbstbezogenheit leider nur bremst und nicht verhindert.

Die deutschen Zeitungen haben eine Menge von aufsehenerregenden Artikeln geschrieben, die das wiederholten, was Henri Ménudier in

1 Dieser wesentliche Punkt kann hier nicht behandelt werden. Es darf hingewiesen werden auf *A. Grosser*, L'Explication politique, Paris 1972 (deutsch: Politik erklären, München 1973).

Frankreich über das Deutschland-Bild des französischen Fernsehens geschrieben hatte. Dabei haben sie es verfehlt, gute Aufklärungsarbeit zu leisten. Es handelt sich um die nüchternen Feststellungen eines Germanisten, der eben für bessere Aufklärung über Deutschland kämpfte. Ein übrigens keineswegs erfolgloser Kampf: die Zahl der Kriegsfilme nimmt ab, und drei einstündige Sendungen über Gesellschaft, Wirtschaft und Politik in der Bundesrepublik sind in Vorbereitung. Aber man hätte, anstatt ein Klagelied »Wir armen mißhandelten Deutschen!« anzustimmen, sich mehr fragen sollen, woher diese Bevorzugung der Kriegsperiode im französischen Fernsehen kommt. Von dem halb bewußten, halb unbewußten Willen der Programmgestalter und des Publikums, auf eine Periode zurückzugreifen, in der man sich mit den Guten, mit den Heldenhaften identifizieren kann (wenn man sich auch in Wirklichkeit damals anders verhalten hat oder anders eingestellt war). Von dem angenehmen Gefühl, ein (wenn auch recht mythisches) einiges Frankreich zu betrachten, wohingegen die Gegenwart Zwiste und Spannungen aufweist. Von dem Willen der Mächtigen, durch ihren Einfluß die kritische Überlegung vom Fernsehen weitgehend auszuschalten, insbesondere über die Gegenwart.

Die deutsche Besatzungszeit zeigen heißt, das französische Heute im Vergleich als rosig erscheinen zu lassen. So ungefähr, wie es in der Bundesrepublik die CDU so lange wie möglich versucht hat, durch Hinweis auf die schwarze Periode von 1949 den Vergleich mit dem, was noch nicht erreicht war, auszuschalten. Und wenn man das Positive von der Bundesrepublik zeigen würde, so würden sofort, da sich ja beide Gesellschaftssysteme so sehr ähneln, Fragen beim Fernseher auftauchen: »Wieso haben wir das (Mitbestimmung, vielfältiges Fernsehen, mutige pädagogische Experimente und so weiter) nicht in Frankreich?« Die schlechte Information über Deutschland im französischen Fernsehen hat also wenig mit einem antideutschen Affekt zu tun und viel mit einer allgemeinen Selbstverherrlichung, Selbstbezogenheit, Flucht vor unbequemen Selbstinfragestellungen. Das macht das Ungenügende nicht besser, müßte aber in Deutschland zur Frage führen: »Machen wir auch alles, um solche Fehler bei uns zu vermeiden?«

Die Antwort sollte zumindest nuanciert sein. Gewiß gibt es in den ARD- und in den ZDF-Programmen sowie in manchen deutschen Zeitungen und in den meisten Rundfunkanstalten eine Menge aufklärende Information über Frankreich. Aber viel zu oft und viel zu sehr waltet hier wie auf anderen Gebieten die Sensationslust. Nur das, was dramatisch ist, was schlecht geht, gilt als interessant, wodurch natürlich beim

Leser, beim Hörer die Selbstgefälligkeit gefördert wird. Mitunter (sollte man »oft« sagen?) ist auch der Wille vorhanden, das Negative »herauszuarbeiten«. Hierzu zwei Beispiele.

»Le Monde« berichtet bei der Ankunft des Kanzlers in Paris, daß Präsident Pompidou ihn persönlich zur Kranzniederlegung am Arc de Triomphe begleiten werde, was als sehr überraschend dargestellt wird, weil das ein französisches Staatsoberhaupt für einen Regierungschef nie tut. Am nächsten Tag ruft die Zeitung ihre Information zurück: der Verlauf werde der übliche sein. Will man nun dieses als Element eines negativen Spiegelbildes des französischen Verhaltens benutzen, so genügt es, den Kommentar von »Le Monde« wegzulassen, so daß Ankündigung und Dementi nebeneinander wie ein gewollter Affront für Brandt wirken. (Dieselbe Wochenzeitung schickt einen Redakteur nach Paris, der ohne Kenntnis der französischen Sprache und in wenigen Tagen das französische Fernsehsystem untersuchen soll, was zu einem Bericht führt, der unabsichtliche Irrtümer und willkürliche Verzerrungen nur so anhäuft!)

Oder ein deutsches Fernsehteam kommt nach Paris mit der an sich gesunden Absicht, zur Zehnjahresfeier des Vertrags einen kritischen Beitrag zu liefern. Aber anstatt dem deutschen Zuschauer ein ausgeglichenes aufklärendes Bild der Wirklichkeit darzustellen, wird die Sache so manipuliert, daß erstens nur das Negative auf französischer Seite (mit einer karikaturalen Darstellung der französischen Schulbücher) geboten und zweitens auf jeden Vergleich auf ähnliche Mißstände in Deutschland verzichtet wird.

Aber darum geht es gerade. Ein französischer Professor, der die Mängel des Deutschland-Bildes in den französischen Schulbüchern hart kritisiert, tut seine Pflicht. Will der deutsche Berichterstatter zur Aufklärung beitragen, das heißt auch gegen den Strom schwimmen, so müßte er sich zuerst fragen, ob die kommentarlose Mitteilung dieser Kritik nicht bei seinem deutschen Publikum das berühmte deutsche Selbstmitleid und einige Selbstgefälligkeit verstärken wird. Und er müßte seinen Landsleuten sagen: »Es ist gewiß bedauerlich, wie sehr zum Beispiel die Kriegsperiode im französischen Buch und Film überbewertet wird. Aber wie vieles gibt es in ganz anderer Richtung – und wie sehr müßte man in Deutschland die Kenntnis über das verbreiten, was Deutschland für die Franzosen zwischen 1940 und 1945 gewesen ist, um zu verstehen, wie schnell und nicht wie langsam die Beziehungen freundlich, ja freundschaftlich und vor allem nüchtern geworden sind!«

Schule und Presse dürfen allerdings die Aufklärungskampagne als eine unter anderen betrachten. Dies sollte nicht für die Einrichtungen gelten, die eigens für eine solche Aufgabe geschaffen wurden; darunter die, die ausschließlich für die deutsch-französischen Beziehungen da sind. Es gibt da alteingesessene private, wie das 1945 von Pater Jean Du Rivau gegründete Bureau International de Liaison et de Documentation, das weiterhin in Köln, Paris und Straßburg seinen wertvollen Beitrag leistet. Die neuen Projekte des seit 1948 wirkenden Deutsch-Französischen Instituts in Ludwigsburg versprechen viel Schöpferisches auf dem Gebiet der Aufklärungsarbeit.

Massenwandern statt Nachdenken

Aber sie haben natürlich nicht die Mittel und den Apparat des Deutsch-Französischen Jugendwerks, das leider seinerseits keineswegs ihre klare Zielvorstellung hat. Es würde sich lohnen, auf die nicht geradezu erfreuliche Entwicklung des DFJW einzugehen, um zu versuchen, die Verantwortung gerecht zwischen Verwaltung, Regierungen und Träger zu verteilen, und auch auf die Presse, die Öffentlichkeit: Dieselben Zeitungen, die in beiden Ländern nicht zu Unrecht darüber klagen, daß das Werk sich zuviel um Massenwanderungen und zuwenig um Qualitätsarbeit mit Multiplikatoren befaßt, fragen nur nach Zahlen, wenn es geht, Bilanz zu ziehen: Wieviel Millionen junger Franzosen und Deutscher sind »erfaßt« worden? Ein völlig unsinniger Begriff! Es sollte doch nicht darum gehen, möglichst viele Jugendliche unvorbereitet irgendwie und irgendwo ins andere Land zu bringen. Glücklicherweise tut das ja das Werk auch nicht, jedenfalls nicht absichtlich: die Leitsätze sind von jeher gut und vernünftig – leider hapert es mit der Verwirklichung. Die drei Punkte der Nachkriegsarbeit werden kaum berücksichtigt, teilweise weil Regierungen und Trägerverbände nicht besonders dafür interessiert sind, teilweise und mehr noch, weil von der Spitze des DFJW kein eigentlicher Impuls ausgeht. Eine große, eine einmalige Gelegenheit, beispielhaft zu zeigen, was mit großen Mitteln an Aufklärungsarbeit geleistet werden kann, ist dabei, trotz ansehnlicher Teilleistungen weitgehend verloren zu werden.

Ein Jugendwerk gibt es nur auf deutsch-französischer Ebene, was in beiden Ländern einen berechtigten Finanzneid bei Verwaltungen und Organisationen hervorruft, die sich mit anderen Ländern beschäftigen. Goethe-Institute und Instituts Français gibt es hingegen überall. Die an sie zu richtenden Fragen gelten gewiß nicht nur für die Arbeit im Nachbarland.

Man kann sogar sagen, daß insbesondere das Pariser Goethe-Institut seine Vermittler- und Aufkläreraufgabe erfaßt hat, obwohl es wie beim Jugendwerk an Zentralimpulsen aus München mangelt. Denn die Überprüfung der Zielsetzung und des Aufgabengebiets der Goethe-Institute scheint noch auszustehen. Der Sprachunterricht? Gewiß. Aber darüber hinaus? Die Antwort hängt eigentlich davon ab, was der Name Goethe bedeuten soll. »Goethe« ist leider nur allzuoft und allzusehr das Anbieten deutscher Kulturproduktionen der Vergangenheit, zu denen man etwas Theater und Musik der Gegenwart gesellt. Es wäre besser, an das zu erinnern, was Goethe wirklich war: ein Schriftsteller, der auch als Minister wirkte, der als der Weisheit letzten Schluß nicht die ästhetische Betrachtung, sondern das Handeln unter und mit den für die Freiheit kämpfenden Mitmenschen betrachtete. Goethe als Schirmherr des mutigen Anpackens echter Probleme der deutschen Wirklichkeit, ein Anpacken, das viele Gemeinsamkeiten mit den Anliegen des ausländischen Publikums herausarbeitet, vorausgesetzt, daß man ein engagiertes Publikum anspricht: das wäre doch ein schönes Leitbild!

Dasselbe gilt für die gesamte Kulturarbeit im Ausland, so wie sie unter anderem von den französischen Kulturinstituten getrieben werden sollte, die im Gegensatz zu den Goethe-Instituten direkt von der Kulturabteilung des Außenministeriums abhängen. In der Bundesrepublik hat es 1970 eine weitgreifende und sehr positive Neuformulierung der Grundsätze gegeben, zunächst als Kabinettsvorlage in der Form von »15 Thesen zur internationalen Kultur-, Wissenschafts- und Gesellschaftspolitik«, dann als nur das Auswärtige Amt betreffende »18 Leitsätze für die auswärtige Kulturpolitik«. Manche der Absichten entspringen weitgehend den oben angeführten drei Punkten.

Aber erstens ist es oft bei den Absichten geblieben, und es wird weiter eine Masse Geld ausgegeben, um beispielsweise mittelmäßige Chöre zu fördern, anstatt viel billigere Informationsarbeit über die deutsche Gesellschaft im Vergleich zu der französischen oder der englischen zu ermöglichen. Und zweitens haben die beratenden Soziologen den Bogen der Rationalisierung und der Planung überspannt. Aus wissenschaftstheoretischer Übertreibung der Notwendigkeit der Statistik und aus mangelnder Kenntnis der psychologischen und politischen Einzelsituationen haben sie ziemlich absurde Maßstäbe leider mit Erfolg vorgeschlagen. Eine Tabelle, die 31 Länder nach der Zahl der Deutschschüler pro 1000 Einwohner einstuft, ist an der Grenze des Lächerlichen. Italien steht zwischen Rumänien und Neuseeland, Israel zwischen Madagaskar und Indonesien, Frankreich zwischen Ungarn und Bulgarien – als ob diese Aufstellung auch nur die geringste Beziehung zu den Problemen, den Nöten und

Möglichkeiten der deutschen Politik in diesen in ihrer Sozialstruktur, in ihrer Ideologie und in ihren Beziehungen zur Bundesrepublik so völlig unterschiedenen Ländern hätte.

Die Bequemlichkeit des Tun-wie-bisher sollte nicht durch die Bequemlichkeit des Tun-was-der-Computer-sagt ersetzt werden. In jedem Land, in jeder Gegend, in jeder Stadt sieht die Lage anders aus, der sich die nach Punkt 1 und 2 definierte Kulturarbeit anzupassen hat.

Gegen die in diesem Artikel zum Ausdruck kommende Grundeinstellung können mindestens zwei grundsätzliche Einwände gemacht werden. Einmal beruht sie auf einer ganz bestimmten aufklärerischen Philosophie, die Werte wie Toleranz, Fruchtbarkeit der Infragestellungen, Notwendigkeit der vernünftigen, besonnenen Untersuchung, Ablehnung von Globalwahrheiten groß schreibt. Sich selbst in Frage zu stellen, während man sich durch den, den man beeinflussen will, auch beeinflussen läßt: diese von den »Veteranen« der deutsch-französischen Nachkriegsbegegnungen praktizierte Tugend wird heute von vielen, insbesondere von vielen Studenten und jungen Dozenten, als liberale Schwäche abgetan. Wenn sie recht haben, dann sollte man die Kulturarbeit einstellen, dann sollten die Mittler andere Wirkungsfelder suchen; denn dann gäbe es nur noch den Kampf und die doktrinäre Belehrung.

Auf der anderen Seite steht die große Angst von so vielen Beamten, Professoren, Mitgliedern der verschiedenen »Establishments«: Wenn das Heute kritisch in den Vordergrund gestellt wird, wenn Kulturinstitute über Mitbestimmung oder Gesellschaftsstrukturen informieren und diskutieren sollen, wird da nicht alles »politisiert«? Werden da nicht die »Umstürzler« stärker zum Zug kommen als die Bejahenden?

Diese Angst ähnelt der der katholischen Kirche in einer nicht allzu fernen Vergangenheit: »In unseren Priesterseminaren soll nur von Gott gesprochen werden, nicht von der Gesellschaft!« Diese Vogel-Strauß-Haltung hat dazu geführt, daß in Frankreich, in Deutschland, in Holland nun Hunderte von Priestern leichtgläubige Anhänger eines sehr primären Marxismus geworden sind. Wo hätten sie denn in ihrer Unwissenheit die Kraft der Kritik am ersten Erklärungssystem finden sollen, dem sie bei der Entdeckung der abstoßenden Seiten unserer Gesellschaft begegneten?

Die Jugend wird nicht rebellieren, weil die »Kultur« nicht mehr wirklichkeitsfremd sein wird. Sie ist rebellisch geworden, weil die »Kultur« wirklichkeitsfremd gewesen ist. Elfenbeintürme verändern die Stromrichtung nicht. Entweder stehen sie nutzlos am Rande des Geschehens, oder sie werden von der Flut weggefegt. Das sollte man doch eigentlich gerade in Deutschland einsehen.

Kultur, Politik und Kulturpolitik

Dies soll ein Versuch sein, in einem Moment, in dem das Problem der Kulturpolitik in der Bundesrepublik, wie in anderen vergleichbaren Ländern, zu einem brennenden Thema geworden ist, einiges mit einigem Nachdruck zu sagen.

Das Goethe-Institut, das uns so liebenswürdig mit einer Medaille bedacht hat, heißt »Goethe-Institut zur Pflege der deutschen Sprache und Kultur im Ausland«. Nun, *was ist Kultur?* Die Frage ist nicht so einfach, wie sie aussehen mag.

Zunächst scheint es mir ziemlich klar zu sein, daß es so etwas gibt, was wir Kulturgüter nennen können. Darüber ist der Streit heute nicht mehr sehr heftig. Gewiß gibt es bei Ihnen und bei uns auf der extremen Linken noch einige, die sagen, es gebe nur eine bürgerliche Kultur und keine Kulturgüter, die man sich aneignen könnte, wenn man nicht jenen Klassen angehört, für die diese Güter geschaffen worden sind. Aber bei uns hat die kommunistische Partei diese Auffassung aufgegeben. Bei dem letzten Festtag, den ihr Parteiorgan *L'Humanité* für Hunderttausende von Sympathisanten alljährlich veranstaltet, gab es eine bemerkenswerte Ausstellung über den französischen Impressionismus und ein Leitartikel der *Humanité* erklärte, es gäbe keine bürgerliche Kultur, sondern Kulturgüter, die den Arbeitern bisher vorenthalten wurden, auf die sie aber Anspruch haben.

Diese Kulturgüter dienen einerseits zum Genuß, zur reinen Freude. Über Kultur als Genuß werde ich heute abend aber nichts weiteres sagen, denn das ist nicht unser Thema. Andererseits sind Kulturgüter aber dazu da, ist Kultur dazu da, um Menschen freier zu machen, um ihnen verschiedene Arten von Befreiungen zu bringen, unter denen die Befreiung durch Kennen, durch Wissen vielleicht die Wichtigste ist. In diesem Sinn ist jede Kulturarbeit aufklärerisch und dem Geist des 18. Jahrhunderts verbunden. Wenn man mehr weiß, ist man kultivierter, kultiviert sein heißt dann, freier sein, unter anderem sich selbst gegenüber.

Wissen über was? Wissen über sich selbst, Wissen über die Vergangenheit und über die Umwelt betrifft nicht nur das, was man traditionell Kultur nannte oder was heute noch allzuoft von Kulturinstituten als Kultur vorgezeigt wird. Kultur, das heißt auch wissen, wie es in unserer Gesellschaft zugeht, wie es in der jüngsten Vergangenheit zugegangen ist.

Als wir nach dem Kriegsende in Frankreich begannen, sozusagen unsere

Fühler nach Deutschland auszustrecken, um zu versuchen, mit Deutschen gemeinsam eine gemeinsame Zukunft aufzubauen, da war es gewiß nicht unsere Definition der Kultur, daß man zusammen dieselbe Musik und dieselben Dichter lieben sollte, sondern daß man zusammen überlegen sollte, wie das, was geschehen war, hatte geschehen können. Anders gesagt, die jüngste Vergangenheit der Ruinen und der Konzentrationslager war ein Teil der notwendigen Kultur. Die Deutschen insbesondere hatten zu entdecken, daß das Verhängnis von 1933 teilweise darin bestand, daß die Deutschen der Weimarer Zeit eben nicht genügend kultiviert gewesen waren, vor allem jene Schichten nicht, die sich als kultiviert betrachtet hatten und nicht wußten, wie sehr es ihnen an Kultur als Wissen um die Gesellschaft, die Wirtschaft, die Demokratie mangelte.

Jene Vergangenheitsbewältigung, die ein Vierteljahrhundert lang in der Bundesrepublik nicht ohne Erfolg durchgemacht worden ist und jene teilweise vergleichbare Vergangenheitsbewältigung, die augenblicklich in Frankreich über die Periode 1940–1944 stattfindet, waren und sind Bestandteile eines kulturellen Prozesses.

Wenn ich sage »Kennen befreit«, so sollte ich aber zugleich die schwierige Frage stellen: *ist Befreiung nicht zugleich Entfremdung?* Trennen wir uns nicht von einer Gemeinschaft, indem wir durch eine Kultur, die als Wissen definiert ist, von dieser Gemeinschaft zuviel Abstand nehmen?

Der Begriff Kultur gehört nämlich nicht nur dem Sprachbereich der Philologen, der Kunst- und Literaturliebhaber an, sondern auch dem der Soziologen. Kultur, das sind auch die gemeinsamen Werte, Überzeugungen, Bräuche, von und mit denen eine Gemeinschaft lebt. In diesem Sinn gibt es nationale Kulturen, gibt es eine bayerische Kultur, gibt es eine Arbeiterkultur. Inwiefern darf man Kulturen zersetzen, zerstören, indem man durch zuviel Kultur im Sinn eines Wissens mit Abstand die Bande auflöst, die eine Gemeinschaft zusammenhalten? Abstand befreit, aber Abstand entfremdet auch. Der Mangel an Abstand ist aber eine Begrenzung der Freiheit, eine Entfremdung seiner selbst gegenüber.

Wie soll also Kultur gehandhabt werden? Welche Befreiung soll erzielt, welche Entfremdung in Kauf genommen werden? Diese Frage ist bereits eine politische.

Denn *was ist Politik?* Ich möchte keineswegs, wie es auch vorhin in einem leisen Unterton als Vorwurf klang, das Politische verabsolutieren. Ich möchte aber betonen, daß Politik etwas ganz Wesentliches ist, wenn ich sie definiere als den Willen, die Zukunft zu meistern. Die Zukunft einer Gemeinschaft. Da spreche ich übrigens völlig im Sinn des großen Mannes, nach dem sich Ihre Institution nennt und der oft als Garant einer »unpolitischen« Kulturarbeit mißbraucht wird. Lesen wir doch das berühmte Ende des *Faust*:

Das ist der Weisheit letzter Schluß:
Nur der verdient sich Freiheit wie das Leben,
Der täglich sie erobern muß.
Und so verbringt, umrungen von Gefahr
Hier Kindheit, Mann und Greis sein tüchtig Jahr.
Solch ein Gewimmel möcht' ich sehn
Auf freiem Grund mit freiem Volke stehn.
Zum Augenblicke dürft' ich sagen:
Verweile doch, du bist so schön!

In der Gemeinschaft mit der Gemeinschaft, in Freiheit und für die Freiheit leben: das ist der Moment, der höher steht als jeder andere Genuß, und sei es der Genuß des Wissenschaftlers, Neues zu entdecken. Und dieser Moment ist politisch definiert!

Politik ist nicht alles, aber alles, was mit Macht und auch schon mit Einfluß zu tun hat, hat eine politische Dimension. Nicht nur Einfluß im Sinne einer Anregung zu einer politischen Tat, sondern schon im Sinn einer Orientierung des Geistes, bereits und vielleicht besonders bei Kindern.

Hier möchte ich ein etwas bösartiges Beispiel aus Frankreich anführen. Das was an der französischen Außenpolitik im Ausland bemängelt wird (teilweise zu Recht, teilweise zu Unrecht), das wird nicht so sehr vom Willen der Präsidenten oder der Minister verursacht, sondern von den Schulbüchern, die in der französischen Grundschule verwendet werden. Die erste Landkarte, die das Kind zu sehen bekommt, ist nicht eine Weltkarte, auf der Frankreich ein kleiner Fleck wäre, sondern die Karte Frankreichs, dessen Sechseck die Welt in vier Teile teilt: das was nördlich, das was südlich, das was westlich und das was östlich von Frankreich liegt. Im ersten Geschichtsbuch (man bekommt es mit sieben) geht es direkt von der Vorgeschichte zu den Galliern: die großen Zivilisationen Asiens und Nordafrikas werden gar nicht erwähnt. Im Gymnasium wird es dann ganz anders – aber da ist es weitgehend zu spät: Grundeinstellungen sind schon geschaffen ...

Auch das Unpolitische ist politisch, wie es 1961 das Bundesverfassungsgericht so schön und richtig in seinem Fernsehurteil bewiesen hat, als es auf die politischen Konsequenzen der »unpolitischen« Unterhaltungsprogramme hinwies. Anderes Beispiel: wenn eine junge Sekretärin Fotoromane liest und dabei träumt, daß sie, wie die Heldin des Romans, einmal den Sohn des Direktors heiraten wird, so ist der »unpolitische« Fotoroman doch etwas Politisches, denn diese Träumerei verhindert die Sekretärin an der gewerkschaftlichen Tätigkeit, die ihre schlechte Lage wirksam verändern könnte.

Der unpolitische Fotoroman hat also eine politische Funktion – ebenso wie all das, was als Kulturarbeit bezeichnet wird notwendigerweise auch eine politische Funktion hat. Eine der Gründe, weswegen die Elfenbeintürme der deutschen Universitäten für die antikulturellste aller Ideologien so anfällig gewesen sind, war doch wohl der ständige Wille so zu tun, als müsse man sich bei einem Dichter darauf beschränken, ihn mit philologischer Akribie oder mit einem auf das Privatleben bezogenen Gefühl zu lesen. Hölderlin (über den mein Kollege Bernhard Böschenstein, der heute auch hier geehrt wird, so viel und gut geschrieben hat), das ist nicht nur die Liebe zu Diotima. Die »Hymne an die Freiheit« darf nicht übergangen werden:

Dann am süßen heißerrungnen Ziele,
Wenn der Ernte großer Tag beginnt,
Wenn verödet die Tyrannenstühle,
Die Tyrannenknechte Moder sind,
Wenn im Heldenbunde meiner Brüder
Deutsches Blut und deutsche Liebe glüht,
Dann, o Himmelstochter! sing ich wieder,
Singe sterbend dir das letzte Lied.

Wenn man Hölderlin ernst nimmt, dann darf man getrost, ja sollte man sogar beim Lesen dieser Zeilen auf Hans und Sophie Scholl hinweisen, denen es nicht vergönnt war, sterbend noch den Sieg der Freiheit zu sehen. Und auf die Geschwister Scholl hinweisen (wie es ja hier in München das Institut für politische Wissenschaft mit seinem Namen so schön und richtig tut), das heißt folgerichtig, nach der Verwirklichung ihrer Ideale im heutigen Deutschland zu fragen.

*

Wenn Kulturvermittlung notwendigerweise eine politische Dimension hat, so ist diese Verbindung natürlich noch evidenter bei dem, was man oder was sich Kulturpolitik nennt.

Kulturpolitik wird zunächst von den Regierungen aufgefaßt als ein Teil der Außenpolitik. Das läßt eine ganze Reihe von Schwierigkeiten auftauchen, die man leicht durch eine eingehende Kommentierung der beiden kleinen Schriften beleuchten könnte, die ich vor mir liegen habe. Die eine ist der *Gesamtplan zur auswärtigen Kulturpolitik 1973–1976*, der 1973 vom Bundesminister des Auswärtigen gebilligt wurde. Darin heißt es gleich zu Beginn: »Seine Hauptziele sind: verbesserte Anpassung der auswärtigen Kulturpolitik an die langfristigen Ziele der Außenpolitik der Bundesregierung ...« Die andere heißt: Ministère des Affaires étrangères. Direction générale des relations culturelles, scientifiques et techniques, *Bilan 1973*. (Randbemerkung: bei uns arbeiten Wissenschaft und Technik mit der Kulturarbeit zusammen.) Da heißt es in der Einleitung: »Les relations culturelles, scientifiques et techniques entretenues avec les pays étrangèrs font partie intégrante (sind Bestandteil) de la politique extérieure de la France.«

Die Hauptfrage ist natürlich: wie und mit welcher Berechtigung darf Kulturarbeit als Mittel zu einem politischen Zweck verwendet werden und inwieweit liegt dabei die Steuerung bei der politischen Instanz, d.h. bei der Regierung als handelnder Macht und nicht nur als im Namen der Gemeinschaft Zuschuß verteilendem Organismus?

Bevor ich versuche, diese Frage zu beantworten, möchte ich *ein Wort zum deutschen Sonderfall* sagen. Denn Sie haben ja ein spezifisches Problem, das Frankreich nicht hat und Großbritannien nicht und die Schweiz auch nicht. Nämlich besteht ein Zusammenhang zwischen dem Vorhandensein zweier deutscher Staaten und der Art, wie jeder von ihnen die Kulturpolitik benutzt, um seine Besonderheit in der Gegenwart und seine Zugehörigkeit zu einer gemeinsamen oder nicht gemeinsamen kulturellen Vergangenheit zu betonen?

Vergleichen Sie z.B. zwei Reden. Die von Erich Honecker im Vorjahr zum 25. Geburtstag der DDR: »Es war der Staat der Arbeiter und Bauern, der die besten Traditionen und humanistischen Ideale der deutschen Geschichte wieder zum Leben erweckte, in sich aufnahm und sie im Sozialismus zu ihrer Blüte führt. Das sind die Traditionen und Ideale des deutschen Bauernkrieges, die mit dem Namen Thomas Münzer verbunden sind, und der bürgerlich-demokratischen Revolution. Das sind die Werke von Johann Wolfgang Goethe und Friedrich Schiller, von Gotthold Ephraim Lessing und Heinrich Heine, von Georg Wilhelm Friedrich Hegel, Immanuel Kant und Johann Gottlieb Fichte, der Gebrüder Grimm, Wilhelm und Alexander von Humboldts und Albert Einsteins, Robert Kochs und Rudolf Virchows, das ist das Werk von Thomas und Heinrich Mann, Arnold Zweig, Lion Feuchtwanger, Bertolt Brecht, Johannes R. Becher und Erich Weinert.«

Und die Rede von Bundeskanzler Helmut Schmidt über die Lage der

Nation am 30. Januar dieses Jahres: »Die in unseren sittlichen Überzeugungen wurzelnden weltanschaulichen Gegensätze darüber, wie ein Staat, wie eine Demokratie, wie die persönliche Freiheit beschaffen sein sollen ... wollen wir nicht verkleistern oder verkleinern. Aber sowohl in der DDR als auch bei uns sollte man nicht vergessen: Karl Marx ist nicht in Ost-Berlin geboren worden, sondern in Trier, Friedrich Engels in Barmen, Hegel kam aus Stuttgart, Luther wurde in Eisleben geboren, Kant war Königsberger, Ferdinand Lassalle kam aus Breslau, Johann Sebastian Bach aus Eisenach, Gerhart Hauptmann kam aus Schlesien, Caspar David Friedrich aus Greifswald, aber Bert Brecht kam in Augsburg zur Welt, Schiller am Neckar und Goethe am Main.«

Sie werden verstehen, daß draußen notwendigerweise die Frage auftauchen muß: »Wie erkennt man da eigentlich das echte, das ›gute‹ Deutschland? Wer hat denn die Erbschaft?« Es gibt hier mindestens zwei Antworten, die sich keineswegs widersprechen. Die erstere steht im *Gesamtplan*: »Weltweites Nebeneinander mit der DDR in der Präsentation des gemeinsamen kulturellen Erbes der Deutschen bei fortbestehendem Wettbewerb der gesellschaftlichen Ordnung in beiden Staaten.« Die zweite steht bei einem großen Schriftsteller, über den ein anderer Medaillen-Empfänger von heute viel und nützlich gearbeitet hat, nämlich Lessing. Die Ring-Legende in *Nathan der Weise* scheint mir auf die beiden deutschen Staaten geradezu zugeschnitten zu sein:

Ich höre ja, der rechte Ring
Besitzt die Wunderkraft beliebt zu machen;
Vor Gott und vor den Menschen angenehm. Das muß
Entscheiden! Denn die falschen Ringe werden
Doch das nicht können! – Nun, wen lieben zwei
Von euch am meisten? – Macht, sagt an! Ihr schweigt?
Die Ringe wirken nur zurück? und nicht
Nach außen? Jeder liebt sich selber nur
Am meisten? O so seid ihre alle drei
Betrogene Betrüger!

Nur wenn man im Ausland auftritt um das deutsche Kulturgut beliebt zu machen als eine Art Mitbringsel zur Völkergemeinschaft, nur wenn man darauf verzichtet, die Kulturarbeit als Wirken gegen den Anderen als eine Verherrlichung seiner selbst aufzufassen, besitzt man den echten Ring.

In diesem Mitbringsel ist aber natürlich auch eine gewisse Art der *Selbstdarstellung* enthalten. Denn Kulturpolitik ist zunächst einmal

Aufklärung des Anderen durch Vermittlung des eigenen Bildes, durch Selbstdarstellung. Aber was ist nun dieses Bild? Wie stellt man sich selber aufklärend dar?

Jede Kulturpolitik begegnet der Versuchung, das Bild verzieren zu zu wollen, indem man Hofmalerei treibt. Aber gerade damit wird das Bild verzerrt: wenn man keinen Velasquez zur Verfügung hat, ist Hofmalerei im allgemeinen schlechte Malerei. Auch weiß ja der ausländische Betrachter schnell, daß es sich um Hofmalerei handelt, und das läßt ihn zurecht mißtrauisch werden, weil der Hofmaler ja verschleiert und verschönert.

Ich sehe wohl, welche Schwierigkeit entsteht, wenn man die Darstellung durch freie Künstler anfertigen läßt: es können Zerrbilder entstehen, die die Wirklichkeit mit so schwarzen Farben wiedergeben, daß, wenn ich so sagen darf, das Selbstbild in seiner Wirkung auf die Außenwelt zum Selbsttor wird. Aber ich bin der Meinung, daß dieses Risiko in Kauf genommen werden sollte, denn es ist ein viel geringeres als das des Verlusts jeder Glaubwürdigkeit durch ständige Verschönerung.

Der Soziologe, der Politologe, der Romancier, der Karikaturist, der sein eigenes Land darstellt, wird nicht nur das Gesicherte, das Ausgeglichene, das Positive beschreiben. Und wenn schon? Gehört das nicht auch zum Bilde des Landes, wie es aufklärerisch draußen vorgestellt werden sollte? Dort weiß das Publikum wohl, daß es auch bei ihm nicht nur Ausgegorenes, Geglättetes gibt. Vielleicht läßt gerade das Skurrile den Gedanken einer Gemeinsamkeit, eines gemeinsamen Mißstandes oder eines gemeinsamen Suchens entstehen.

Bei Ihnen wie bei uns entdecken die Regierungen immer wieder mit Unbehagen, daß gerade die Kritischen, die Außenseiter im Ausland am häufigsten als Vertreter der schöpferischen Kultur verlangt werden. Ein Zufall ist das nicht. Nur sind die Regierungen ungefähr in der gleichen Lage wie die katholische Kirche laut Bernard Shaw ihren Heiligen gegenüber. Lesen Sie die Schlußszene der *Heiligen Johanna.* Sie wird verehrt, weil sie tot ist. Als sie erwägt, wiederzukommen, sind alle entsetzt. Heine ist gut zu gebrauchen. Aber ein heute lebender Heine, der wird als störendes Element einer Kulturpolitik betrachtet.

Hier gibt es einen doppelten Irrtum, der vermieden werden sollte. Erstens dürfte nicht vergessen werden – und das trifft für unsere beiden Länder zu –, welches glaubwürdige Selbstbildnis wir der Außenwelt darbieten wollen. Es enthält nämlich eine Verkündung der Grundwerte, nach denen wir behaupten, unser kulturelles und politisches Leben zu gestalten. *Zu den Grundwerten,* dank derer wir behaupten, den echten

Ring zu besitzen, gehört der Pluralismus, gehört die Toleranz, *gehört die Pflicht, auch Meinungen, die man falsch oder dumm findet, zum Ausdruck kommen zu lassen.* Diese Werte sind Lippenbekenntnisse solange nicht gezeigt wird, wie sie verwirklicht werden. In der Kulturarbeit tut man das, indem man eben auch die unbequeme Kritik zum Ausdruck kommen läßt.

Zweitens trifft es nicht zu, daß jedes Wort, das mit der Unterstützung einer Regierung gesprochen wird, daß jedes Bild, das mit der Genehmigung einer Regierung gezeigt wird, diese Regierung engagiert. Ich weiß sehr wohl, daß ich mich hier etwas im Widerspruch befinde mit dem, was vor wenigen Tagen in einem wichtigen Beitrag aus berufener Feder gestanden hat: »Was immer von der Bundesregierung an kulturellen Aktivitäten in Richtung Ausland finanziell oder auf sonstige Weise gefördert wird, hat unweigerlich einen mehr oder weniger starken außenpolitischen Bezug ... Die Bundesregierung kann sich hier – selbst wenn sie dies wollte – grundsätzlich nicht aus ihrer außenpolitischen Verantwortung herausmogeln, niemand kann sie aus ihr erlassen ... Es wird nicht möglich sein, dem Ausland klarzumachen, die Bundesregierung unterstütze deutsche kulturelle Unternehmen im Ausland mit Steuergeldern absichtslos. Soviel Altruismus nimmt uns niemand ab.«

Ich muß gestehen, ich verstehe das nicht ganz, denn Kulturpolitik bedeutet nicht (jedenfalls nach unserer gemeinsamen Auffassung der Demokratie) Kulturvermittlung als direkte Regierungsarbeit, wobei das Vermittelte so sehr die Regierung implizieren würde, daß alles Gesprochene, Geschriebene, Gezeigte gewissermaßen als Ausdruck ihrer Meinung erscheinen würde oder sollte. Das Steuergeld ist dazu da, um dem Ausland u. a. klar zu machen, welche Werte zu unserer Kultur gehören. Und was unterscheidet denn unsere Werte von denen einer gewissen anderen Seite, die weitgehend vom anderen deutschen Staat vertreten wird, wenn nicht das Geltenlassen des Gegners, des Abweichenden, der Minderheit, sei sie auch noch so klein?

Gewiß gibt es dabei »schlichte Fragen des guten Geschmacks, des Takts und des guten Stils« – aber erst nachdem das Prinzip festliegt, daß die Unterstützung kultureller Unternehmungen im Ausland nicht der Selbstverherrlichung sondern eben nur der Selbstdarstellung zu dienen hat. Sonst müßte man wirklich nur Propaganda betreiben, denn man würde dem Gastland ja sagen, daß alles, was man bringt, einen sehr direkten politischen Zweck hat.

Die Zielsetzung der Kulturpolitik geht allerdings über den Zweck der Selbstdarstellung hinaus. Und zwar auf zwei Wegen, deren Rangordnung glücklicherweise umgekehrt ist (oder sich jedenfalls in der Meinung aller Beteiligten umkehren sollte).

Das erste Ziel neben der Selbstdarstellung ist das der *Beeinflussung des anderen Landes.* Oft ist es mit einem Missionsgedanken verknüpft. »Am deutschen Wesen soll die Welt genesen.« So heißt es in der Bundesrepublik Gottseidank nicht. Ich könnte aber leider eine Reihe französischer Texte zitieren (offizielle Reden und Dokumente), die diesen Missionsgedanken noch klipp und klar zum Ausdruck bringen, besonders wenn es um den sozusagen kulturmissionarischen Wert der französischen Sprache geht.

Aber wenn Sie die Bilanz der auswärtigen Kulturpolitik der französischen Regierung lesen, die ich vorhin erwähnt habe, so werden Sie feststellen, daß nun der andere Weg vorrangig geworden ist, nämlich der der Gemeinsamkeit. Wenn Politik das Mittel ist, eine gemeinsame Zukunft zu meistern, so sollte *auswärtige Kulturpolitik ein Beitrag dazu sein, die gemeinsame Zukunft verschiedener Völker zu meistern.* Nur zu oft wird leider immer noch vergessen, daß die Zukunft gemeinsam ist, daß man morgen noch mehr als heute in einem Zustand gegenseitiger Abhängigkeit zu leben hat.

Als wir nach 1945 den deutsch-französischen Austausch begannen, geschah das aus der Überzeugung heraus, daß es darum ging, die Gemeinsamkeiten zusammen positiv zu gestalten. Deswegen nannten wir auch unser Comité *Comité d'Echanges,* d. h. Komitee des Austauschs, nicht der bevormundenden Beeinflussung. Die Gemeinsamkeit bringt es auch mit sich, daß die Mauer zwischen Innen und Außen einstürzt, daß jeden auch das, was bei dem Nachbarn geschieht, etwas angeht, denn dieses Geschehen ist ja mitbestimmend für die gemeinsame und d. h. auch für die eigene Zukunft. (Nach diesem Prinzip habe ich übrigens seitdem immer gehandelt, was mir in der Bundesrepublik mitunter den Vorwurf eingebracht hat, mich in »deutsche innere Angelegenheiten zu mischen«. Natürlich tue ich das, wie auch jeder Deutsche ein Mitspracherecht in französischen Angelegenheiten hat, sobald er eingesehen hat, daß er über die Grenzen hinweg wirken muß, wenn er jene gemeinsame Zukunft mitbestimmen will.)

Als das Deutsch-Französische Jugendwerk vor einigen Jahren versucht hat, neue spezifisch deutsch-französische Motivationen für Begegnungen von Jugendlichen zu finden, haben einige von uns immer wieder gesagt, daß dies ein Irrtum sei. Wir müssen junge Deutsche und junge Franzosen zusammenbringen, aber nicht, um die Beziehungen der beiden Länder zu erforschen und zu diskutieren, sondern um gemeinsam zu entdecken, wie ähnlich (oder wie unähnlich) sich für den Nachbarn die Fragen stellen, die einen selber bewegen. Und das Gleiche sollte für die Instituts français in der Bundesrepublik und die Goethe-Institute in Frankreich gelten.

Jugend und Arbeitslosigkeit in beiden Ländern, Wehrdienst, Umweltschutz. Wieso haben unsere Verfassungsgerichte im Problem Abtreibung in entgegengesetzter Richtung entschieden? Wie funktioniert das Fernsehen? In beiden Ländern wird über Krankenhäuser und über Gefängnisse diskutiert. Wie sieht es auf diesen Gebieten im Vergleich aus?

Dies alles und noch mehr gehört zur Kulturarbeit und diese Kulturarbeit sollte einen wesentlichen Bestandteil der Kulturpolitik darstellen. Dabei sollte eine immer wieder vorgetragene Sorge gar nicht entstehen: die einer nur gegenwartsbezogenen Gegenwartskunde, einer Verflachung des Wissens, einer Zerstörung des Bezugs zur Geschichte.

Ganz im Gegenteil: wenn wirklich nach den Gründen der Differenzen gesucht wird, wenn man sich nicht begnügt, Unterschiede festzustellen, so muß man notwendigerweise zurückgreifen auf *die Erklärung durch die geschichtliche Entwicklung*. Die Gegenwart kann nicht ohne die Vergangenheit erklärt werden. Aber gerade dieser Bezug zwischen Gegenwartsproblematik und Geschichte macht die Vergangenheit insbesondere für die Jugendlichen wieder interessant. Warum verschiedene Einstellungen der Mehrheit in Frankreich und in der Bundesrepublik zur Toleranz dem Radikalismus gegenüber? Das Bestehen der DDR ist zwar ein Faktor der Erklärung, aber ohne die französische Einstellung zum Begriff der Revolution seit 1789, ohne die Trennung des Linksgedankens und des Gedankens der Nation in Deutschland nach 1848 geht es nicht, wenn man wirklich erklären will.

Letzten Endes sollte Kulturpolitik wirklich *eher die Leistung eines Beitrags sein als das Ausüben eines Einflusses*. In diesem Sinn, möchte ich sagen, könnte die Kulturpolitik ein Prüfstein dafür sein, ob die vorgegebenen Ziele der Außenpolitik wirklich ernstgenommen werden.

Wenn es wirklich die Absicht Ihrer und unserer Außenpolitik ist, Gemeinschaften zu schaffen, zunächst eine europäische, darüber hinaus auch andere, dann ist die Kulturpolitik ein wunderbares Mittel dazu. Aber wenn dann Kulturpolitik gemacht wird, als gehe es darum, sich zu rühmen, oder Einfluß zu nehmen oder sogar andere auf anderen Kontinenten gewissermaßen kulturell zu beherrschen, dann ist das eben eine Verneinung der Werte, denen man Lippendienst leistet.

In diesem Sinn glaube ich, daß gerade eine Institution wie das Goethe-Institut dazu beitragen kann, nicht nur die deutsche Sprache und Kultur im Ausland zu pflegen, sondern diese Pflege als ein Mittel zu betrachten, um dem Anderen zu helfen und um so etwas wie eine internationale Gesellschaft zu fördern. Wenn man dabei bedenkt, daß wir während der letzten Jahrhunderte die Glücklichen waren, die die notwendigen materiellen Güter besaßen, um Kulturgüter herstellen und genießen zu können, während andere noch nicht einmal die Möglichkeit hatten, über die elementarsten Bedürfnisse hinauszuschauen, so wird einem der mögliche, der notwendige Bezug zwischen Kulturpolitik und Entwicklungshilfe deutlich. Nicht so auftreten, als wollte man sagen »Wir sind die Besseren«, sondern in dem Bewußtsein handeln, daß man aus der Tatsache, daß man der Reichere war, viele kulturelle Vorteile erhalten hat, und daß es nun gilt, eine gerechtere Verteilung auch dieses Reichtums zu erwirken – aber daß es sich auf diesem Gebiet mehr als bei anderen immer um einen Austausch handelt, bei dem der Andere einem viel zu bringen und beizubringen hat, was für die eigene Entwicklung wertvoll ist.

Quellennachweise

Mitverantwortung für eine gemeinsame Zukunft. Ansprache zum Volkstrauertag am 17. 11. 1974 im Plenarsaal des Bundeshauses in Bonn anläßlich der Feierstunde des Volksbundes Deutsche Kriegsgräberfürsorge (bisher unveröffentlicht)

Die Doppelnatur des Friedens. Laudatio für Marion Gräfin Dönhoff bei der Verleihung des »Friedenspreises des Börsenvereins des Deutschen Buchhandels« in der Paulskirche Frankfurt/M. am 17. 10. 1971 Frankfurt/M. 1971

Deutsch-Französische Anfänge. »Konkretionen politischer Theorie und Praxis«, Festschrift für Carlo Schmid, Stuttgart 1972.

Der Wandel des Deutschlandbildes in der französischen öffentlichen Meinung in den Jahren nach 1945. »Frankreich und Deutschland« Studien und Berichte der Katholischen Akademie in Bayern, Heft 23, Würzburg 1963

Was hätten sie denn wählen sollen? »Le Monde«, 1. 10. 1953

Tragweite einer Hausdurchsuchung. »La Croix«, 12. 4. 1956

Der Bischof und die Geiseln. »Le Monde«, 6. 8. 1969

Nürnberg in unserer Zeit. »Le Monde«, 3./4. 10. 1971 (25 Jahre nach der Urteilsverkündung)

Von Beate Klarsfeld zu Solschenizyn. »Le Monde«, 17. 7. 1974

Deutsch-französisches Unverstehen. »Le Monde«, 11. 12. 1974

Aspekte der Affäre. Einleitung zu Jürgen Seifert »Die Spiegel-Affäre«, Olten 1966

Der Fall Sartre. »Die Zeit«, 13. 12. 1974 (unter dem Titel »Eine Stimme für Sartre«)

Die neuen Deutschen. »Der Spiegel«, 23. 12. 1974

Pius XII. und das Dritte Reich. Nachwort zu dem gleichnamigen Buch von S. Friedländer, Paris 1963, Reinbek 1965

Gegen Erpressung hilft nur die Wahrheit. »Evangelische Kommentare«, Juli 1974

Versagen die Mittler? »Frankfurter Allgemeine Zeitung«, 22. 2. 1973

Kultur, Politik und Kulturpolitik. Vortrag bei der Verleihung der Goethe-Medaille durch das »Goethe-Institut zur Pflege der deutschen Sprache und Kultur im Ausland« in München am 21. 3. 1975 (bisher unveröffentlicht)